LE DROIT INTERNATIONAL DE LA COOPÉRATION À L'ÉPREUVE DES PANDÉMIES

Logiques Juridiques

Fondée par Gérard Marcou
Dirigée par Jean-Claude Némery et Thomas Perroud

Le droit n'est pas seulement un savoir, il est d'abord un ensemble de rapports et pratiques que l'on rencontre dans presque toutes les formes de sociétés. C'est pourquoi il a toujours donné lieu à la fois à une littérature de juristes professionnels, produisant le savoir juridique, et à une littérature sur le droit, produite par des philosophes, des sociologues ou des économistes notamment.

Parce que le domaine du droit s'étend sans cesse et rend de plus en plus souvent nécessaire le recours au savoir juridique spécialisé, même dans des matières où il n'avait jadis qu'une importance secondaire, les ouvrages juridiques à caractère professionnel ou pédagogique dominent l'édition, et ils tendent à réduire la recherche en droit à sa seule dimension positive. À l'inverse de cette tendance, la collection « Logiques juridiques » des éditions L'Harmattan est ouverte à toutes les approches du droit. Tout en publiant aussi des ouvrages à vocation professionnelle ou pédagogique, elle se fixe avant tout pour but de contribuer à la publication et à la diffusion des recherches en droit, ainsi qu'au dialogue scientifique sur le droit. Comme son nom l'indique, elle se veut plurielle.

Dernières parutions

Romain FEYDEL, *La société en commandite spéciale. Essai en droit luxembourgeois,* 2022.
Cristina Elena POPA TACHE, *Vers un droit de l'âme et des bioénergies du vivant*, 2022.
Sabine NDZENGUE AMOA, *Le permis de construire dans le droit de l'urbanisme,* 2022.
Demba MBOW, *Le secret dans l'arbitrage international, Approche critique,* 2021.
Benoît GRÉMARE, *De l'arme nucléaire française. Essai sur la constitutionnalisation de la force de frappe,* 2021.
Gladys TREZENEM, *La dignité de la personne humaine et le juge administratif,* 2021.

Louino VOLCY

LE DROIT INTERNATIONAL DE LA COOPÉRATION À L'ÉPREUVE DES PANDÉMIES

L'Harmattan

***

5-7, rue de l'École-Polytechnique – 75005 Paris
www.editions-harmattan.fr
ISBN : 978-2-343-25021-2
EAN : 9782343250212

Remerciements et dédicaces

Mes remerciements s'adressent tout d'abord à Madame le professeur Julie FERRERO que j'ai eu l'honneur d'avoir comme directrice de mémoire à l'Université Paris 1 Panthéon-Sorbonne.

Je m'en voudrais également de ne pas exprimer ma sincère et profonde gratitude à Monsieur le professeur Yann KERBRAT qui m'a permis d'intégrer le Master 2 Administration internationale de la prestigieuse Université Paris 1 Panthéon-Sorbonne au titre de l'année académique 2019-2020.

Je remercie, en outre, l'ensemble du corps professoral du master et de ses intervenants dont les séminaires m'ont porté à mieux appréhender la dynamique du droit international institutionnel et à développer un intérêt assez particulier pour ce domaine. Je pense notamment au professeur Évelyne LAGRANGE et à Madame Anne-Marie THÉVENOT-WERNER.

Ma reconnaissance s'exprime également à l'Ambassadeur Patrick SAINT-HILAIRE ex-Représentant permanent de la République d'Haïti auprès de l'Organisation des Nations Unies avec qui j'ai eu des échanges téléphoniques très utiles concernant les méthodes de travail au sein de l'ONU.

J'adresse mes remerciements à mes anciens collègues stagiaires au Tribunal international du droit de la mer qui m'ont encouragé à avancer dans la poursuite de cette recherche.

L’ouvrage est dédié à ma famille qui m’a toujours fourni un support inconditionnel dans le cadre de mes études universitaires en Europe. Je pense particulièrement à mon père Deslouis VOLCY, à ma mère Monette Jean-Charles VOLCY, à mon épouse Alexandra Luc VOLCY et à mon fils Louissandro VOLCY.

L’ouvrage est aussi dédié à la mémoire de l’ancien Bâtonnier de l’ordre des Avocats de Port-au-Prince, mon ancien professeur et mentor, Docteur Monferrier Dorval, assassiné lâchement en Haïti le 28 août 2020.

Sommaire

LISTE DES PRINCIPAUX SIGLES ET ABRÉVIATIONS

CiJ	Cour internationale de Justice
CPJI	Cour Permanente de Justice Internationale
COVID-19	Maladie à coronavirus 2019 (Coronavirus disease 2019)
ECOSOC	Conseil économique et social
FAO	Organisation des Nations Unies pour l'alimentation et l'agriculture
FMI	Fonds monétaire international
FNUAP	Fonds des Nations Unies pour la population
MINUANCE	Mission des Nations Unies pour l'action d'urgence contre l'Ebola
OACI	Organisation pour l'aviation civile internationale
OIE	Organisation mondiale de la santé animale
OIT	Organisation internationale du travail
OMC	Organisation mondiale du commerce

OMM	Organisation météorologique mondiale
OMS	Organisation mondiale de la santé
ONU	Organisation des Nations Unies
ONUSIDA	Programme commun des Nations Unies sur le VIH/sida
PAM	Programme alimentaire mondial
PIP	Préparation en cas de grippe pandémique (Pandemic Influenza Preparedness)
PNUD	Programme des Nations Unies pour le développement
RSI	Règlement sanitaire international
SARP	Normes et Pratiques recommandées
SIDA	Syndrome d'immunodéficience
SPS	Sanitaire et phytosanitaire
SARS-CoV-2	Coronavirus 2 du syndrome respiratoire aigu sévère
SRAS	Syndrome Respiratoire Aigu Sévère
UNESCO	Organisation des Nations Unies pour l'éducation, la science et la culture

Introduction

Quand la Chine a officiellement informé en date du 31 décembre 2019 le Bureau de l'Organisation mondiale de la Santé (OMS) à Pékin de l'apparition d'un groupe de cas de « pneumonie virale » survenus dans un marché d'animaux à Wuhan[1], dans le Sud de l'empire du Milieu, le monde était très loin d'imaginer qu'un « tout petit microbe [2] allait, avec une rapidité foudroyante, contaminer toute la planète en moins de 5 mois et déclencher la « pire crise mondiale » à laquelle l'humanité ait été confrontée depuis 1945[3]. En effet, cette maladie due à un nouveau coronavirus, considérée comme une urgence de santé publique de portée

[1] Pierre BENKIMOUN, Frédéric LEMAITRE et Marie BOURREAU, « Les liaisons dangereuses entre l'OMS et la Chine ont marqué la crise du coronavirus », Le Monde, 27 Avril 2020. Disponible sur le lien suivant https://www.lemonde.fr/international/article/2020/04/27/les-liaisons-dangereuses-entre-l-oms-et-la-chine-ont-marque-la-crise-du-coronavirus_6037929_3210.html et consulté le 15 mai 2020.

[2] Terme utilisé par le Directeur général de l'OMS dans son discours en date du 18 mai 2020 à l'occasion de la 73e Assemblée mondiale de la Santé, disponible sur le site suivant : https://apps.who.int/gb/ebwha/pdf_files/WHA73/A73_3-fr.pdf

[3] « Pour le Secrétaire général de l'ONU, le coronavirus a déclenché la "pire crise mondiale" depuis 1945 ». Cet article est disponible sur le lien suivant : https://www.france24.com/fr/20200401-pour-l-onu-le-coronavirus-a-d%C3%A9clench%C3%A9-la-pire-crise-mondiale-depuis-1945 et a été consulté le 24 juillet 2020.

internationale le 30 janvier 2020[4] et envisagée comme une pandémie à partir du 11 mars 2020[5], a officiellement touché, jusqu'à maintenant[6], plus de 260 millions de personnes et entraîné la mort de plus de 5 millions d'entre elles[7].

La propagation en si peu de temps de cette maladie infectieuse dans les coins les plus reculés de la planète et ses conséquences particulièrement lourdes semblent confirmer les mises en garde lancées par le *Conseil mondial du suivi et de la préparation* qui, dans un rapport publié en septembre 2019, a tiré la sonnette d'alarme en soutenant que : « le monde risque fort de connaître des épidémies ou des pandémies régionales ou mondiales dévastatrices qui non seulement causeraient des pertes en vies humaines, mais aussi bouleverseraient les économies et engendreraient un chaos social » [8]. La diffusion internationale de cette maladie à coronavirus, baptisée COVID-19 par l'OMS, et ses effets dévastateurs suscitent des interrogations et appellent, pour le moins, trois observations.

---

[4] La déclaration du Directeur général de l'OMS relative à la prise en compte de cette flambée comme une urgence de santé publique de portée internationale est disponible sur le lien suivant : https://www.who.int/fr/dg/speeches/detail/who-director-general-s-statement-on-ihr-emergency-committee-on-novel-coronavirus-(2019-ncov), consulté le 25 juillet 2020.

[5] Chronologie de l'action de l'OMS face à la COVID-19, disponible sur le lien suivant https://www.who.int/fr/news-room/detail/29-06-2020-covidtimeline, consulté le 25 juillet 2020.

[6] Au 1er décembre 2021.

[7] https://www.who.int/emergencies/diseases/novel-coronavirus-2019/situation-reports

[8] Conseil mondial de suivi de la préparation. « Un monde en péril – Rapport annuel sur l'état de préparation mondial aux situations d'urgence sanitaire ». Genève, Organisation mondiale de la Santé, septembre 2019, p. 11.

En premier lieu, cette pandémie a mis au grand jour la vulnérabilité sinon la fragilité du monde du XXIe siècle et questionne par la même occasion sa résilience et sa préparation face aux défis sanitaires. En effet, comme l'a souligné le rapport du Groupe de personnalités de haut niveau sur les menaces, les défis et le changement[9], les maladies infectieuses sont considérées comme des menaces d'ordre social et économique qui ont le potentiel de guetter l'humanité dans les décennies à venir. Ce constat correspond à celui de l'Institut Pasteur qui a reconnu que « les maladies infectieuses émergentes et réémergentes continuent de représenter une menace pour la santé publique dans le monde entier »[10]. Cette vulnérabilité est devenue criante quand on sait que les atteintes portées à l'environnement ont un impact considérable sur la prolifération des agents pathogènes [11] et que les conséquences nées notamment de la déforestation, des changements climatiques et de l'urbanisation ont modifié les habitats naturels et ont majoré les risques de transmission à l'homme des virus grippaux circulant continuellement chez les animaux. D'ailleurs, selon l'OMS, 60 % des maladies infectieuses émergentes signalées dans

---

[9] « Rapport du groupe de personnalités de haut niveau sur les défis, les menaces et les changements : Un monde plus sûr : notre affaire à tous », A/59/625, 2004, p.26.

[10] Institut Pasteur, « Ebola, peste, choléra, Sras… Pathogènes émergents, menaces imprévisibles », Le journal de la recherche, 20 juillet 2018. Disponible sur le lien suivant https://www.pasteur.fr/fr/journal-recherche/dossiers/ebola-peste-cholera-sras-pathogenes-emergents-menace-imprevisible et consulté le 25 mai 2020

[11] Catherine LEPORT et Jean François GUEGAN (dir.), *les maladies infectieuses émergentes : état de la situation et perspectives*, Paris : La Documentation française, 2011, pp.59 et s, cité par Hélène DE POOTER, *Le droit international de la santé face aux pandémies : vers un système de sécurité collective sanitaire collective ?,* Paris, éditions A. Pedone, 2015, p.8

le monde sont des zoonoses et 75 % des maladies humaines émergentes détectées au cours des trois dernières décennies sont d'origine animale[12].

En deuxième lieu, la COVID-19 a mis en exergue la réalité du phénomène de la mondialisation qui constitue un trait marquant des relations internationales contemporaines, qui renforce conséquemment cette « interdépendance objective entre les peuples »[13] et qui permet aux maladies infectieuses de toucher plus rapidement les parties les plus lointaines du globe terrestre. Sur les 10 menaces identifiées pour la santé mondiale en 2018 par l'OMS, l'institution spécialisée de l'ONU a considéré « [qu'] une autre pandémie grippale est inévitable et que dans ce monde interconnecté, la survenue de la prochaine flambée de grippe d'ampleur mondiale n'est qu'une question de temps »[14]. Ainsi, dans un monde où le temps de déplacement d'un point à l'autre du globe ne dépasse pas 36 heures[15] tandis que le temps d'incubation peut s'étendre sur plusieurs jours, on ne saurait être surpris du fait que la COVID-19 a gagné tous les pays du monde en moins de 5 mois. Dès lors, les principaux acteurs sur la scène internationale et plus particulièrement les sujets du droit international se doivent de prendre conscience de cette interdépendance consécutive à la « globalisation des dangers sanitaires » et de se préparer à riposter à

---

[12] OMS, Zoonotic disease: emerging public health threats in the Region. Disponible sur le lien http://www.emro.who.int/fr/about-who/rc61/zoonotic-diseases.html. Consulté le 25 juillet 2020.

[13] René Jean DUPUY, *La communauté internationale entre le mythe et l'histoire*, Paris : Economica/Unesco, 1986, p.109, cité par Hélène DE POOTER, op.cit. p. 9

[14] OMS, 10 menaces pour la santé mondiale en 2018, février 2018. Disponible sur le lien suivant https://www.who.int/features/2018/10-threats-global-heath/fr/. Consulté le 25 juillet 2020.

[15] Conseil mondial de suivi de la préparation, op. cit. p. 15.

l'apparition des grippes pandémiques non pas en ordre dispersé mais de manière coordonnée.

En dernier lieu, la COVID-19 a mis en lumière le caractère transversal sinon transsectoriel du phénomène. Si le défi pandémique se manifeste au prime abord par une dimension sanitaire, ses implications sont susceptibles de se répercuter dans tous les compartiments des relations entre les peuples et dans toutes les sphères d'activité des États. Ainsi, en plus du secteur strictement sanitaire, les défis pandémiques sont liés au développement, à la paix, la sécurité, aux droits de l'homme, à l'humanitaire, aux transports, aux commerces, aux migrations, etc. Autrement dit, les effets des défis pandémiques se produisent dans toutes les « zones de la vie internationale »[16] et requièrent de la communauté internationale des actions coordonnées dans tous les aspects de la vie internationale, l'objectif étant de répondre aux crises nées des pandémies.

Si l'émergence et la transmission des maladies infectieuses sont aussi vieilles que l'histoire de l'humanité et préoccupaient les groupements sociaux depuis au moins la révolution néolithique[17], si depuis le XVIe siècle, des pandémies de grippe ont été décrites à des intervalles allant de 10 à 50 ans[18], les entités politiques qui allaient devenir des États au XVIIe siècle et qui sont actuellement les sujets primaires du droit international, dans le but protéger leurs populations des grandes épidémies, ont commencé à s'organiser dès le XIVe siècle par des moyens de santé publique comme la quarantaine maritime et à partir de la fin

---

[16] Michel VIRALLY, *Le droit international en devenir : Essais écrits au fil des ans*. Genève : Graduate Institute Publications, 1990, p. 243.

[17] Fabienne KELLER, Rapport d'information n° 638 (2011-2012), les nouvelles menaces des maladies infectieuses émergentes, 5 juillet 2012, disponible sur le lien suivant https://www.senat.fr/rap/r11-638/r11-6384.html et consulté le 26 juillet 2020

[18] Organisation mondiale de la Santé, Préparation et action en cas de grippe pandémique : document d'orientation de l'OMS, 2009, p.2

du XVIIIe siècle par des moyens biologiques comme la vaccination[19]. Alors que les grandes épidémies (la peste, le variole, le choléra, la dysenterie, l'Ebola) comme les pandémies de grippe (la grippe espagnole de 1918, la pandémie de grippe asiatique de 1958, la grippe de Hongkong de 1968, le SRAS de 2003, la grippe A (H1N1) de 2009, etc.) ont fauché beaucoup de vies en dépit des progrès scientifiques notables en la matière, les États n'ont pas baissé les bras devant la diffusion internationale des maladies transmissibles. Ainsi, pour éviter que les mesures de quarantaine décidées unilatéralement ne portent sévèrement atteinte à la circulation des personnes et des marchandises, les États ont donc décidé à partir du milieu du XIXe siècle de coopérer afin de lutter ensemble contre la propagation internationale des maladies infectieuses[20].

Les conseils quarantenaires institués par les États européens au XIXe siècle constituent « la première étape historique dans l'intérêt de la communauté internationale pour la protection juridique de la santé humaine »[21]. La deuxième étape de la coopération internationale en matière de lutte contre les maladies infectieuses a épousé les formes d'une « diplomatie de conférences » [22] en vue de l'adoption des règles communes et de l'harmonisation de la pratique des États en la matière. À ce propos, de 1851 à 1926, douze

---

[19] Fabienne KELLER, op.cit.

[20] Hélène DE POOTER, « Aperçu de la coopération internationale en matière de surveillance et de riposte aux épidémies et aux pandémies », *p. 225, in Santé et droit international*, Guillaume LE FLOCH et Thibaut FLEURY GRAFF (dir.), colloque de Rennes de 2018 de la Société Française pour le Droit International, Paris, éditions A.Pédone, 2019, p.225.

[21] Michel BELANGER, *Le droit international de la santé*, Paris : Presses Universitaires de France. Collection. Que sais-je ?, 1997, p.4.

[22] Michel VIRALLY, *Le droit international en devenir : Essais écrits au fil des ans*. Genève : Graduate Institute Publications, 1990, p. 257

conférences sanitaires internationales furent réalisées[23]. La mise en place « d'organisations internationales à objet sanitaire »[24] constitue la troisième forme de manifestation de la coopération internationale sanitaire entre les États pour faire face aux maladies infectieuses. Ainsi, en 1902, la première organisation internationale sanitaire régionale était fondée sur le continent américain. Il s'agit du Bureau sanitaire panaméricain (future Organisation Panaméricaine de la Santé)[25]. Sur le plan universel, on assiste également à la création en 1907[26] de la première organisation mondiale et permanente en la matière, en l'occurrence l'Office International d'Hygiène Publique [27] et, en 1946, à la fondation de l'OMS.

Cela exposé, cette recherche se propose d'examiner la manière dont les organisations internationales aménagent la riposte aux pandémies. Si la question des pandémies est susceptible de capter l'attention d'un internationaliste publiciste à plusieurs égards[28], elle sera envisagée ici sous l'angle du droit des organisations internationales. Ainsi, ce

---

[23] Guillaume LE FLOCH, Santé et Droit international, l'ébullition permanente, in Guillaume LE FLOCH et Thibaut FLEURY GRAFF (dir.) *Santé et droit international*, colloque de Rennes de 2018 de la Société Française pour le Droit International, Paris, éditions A.Pédone, 2019, p. 8

[24]Michel BELANGER, *Le droit international de la santé, op. cit.*, p.4.

[25] Nathalie FERRAUD-CIANDET, *Protection de la santé et sécurité alimentaire en Droit international*, Bruxelles, éditions Larcier, 2009, p.14.

[26] Archives de l'Office International d'Hygiène Publique (OIHP), disponible sur le lien suivant : https://www.who.int/archives/fonds_collections/bytitle/fonds_1/fr/

[27] Statut organique de l'OIHP, articlé 2, cité par Hélène DE POOTER, *Le droit international de la santé face aux pandémies : vers un système de sécurité collective sanitaire collective ?, op cit.*, p. 41

[28] Hélène DE POOTER, « Aperçu de la coopération internationale en matière de surveillance et de riposte aux épidémies et aux pandémies », *in Santé et droit international, op.cit., p 227.*

travail ne prendra pas en compte les initiatives purement nationales et unilatérales déployées par les États pour faire face aux événements pandémiques. Il ne considérera non plus les actions mises en œuvre par d'autres acteurs des relations internationales contemporaines comme les ONG et les entreprises multinationales.

Considérant que, le droit international de coopération, à l'inverse d'un droit international de coexistence, porte les États à s'associer et à jouer un rôle positif à travers un effort commun et appréhendant l'organisation internationale comme la méthode de coopération interétatique la plus perfectionnée de notre époque[29], ce travail de recherche s'interrogera sur la question de savoir si, pour faire face aux pandémies, les organisations internationales se limitent à leur domaine d'activité sans s'adapter aux situations et aux défis entraînés par ces évènements de santé publique ou si elles collaborent entre elles et coordonnent leurs actions. L'interrogation centrale est donc la suivante : « *Comment les organisations internationales réagissent-elles aux pandémies* » ?

L'hypothèse de travail est que, tout en se fondant parfois sur de nouvelles méthodes de travail, la riposte des organisations internationales aux pandémies est caractérisée par le déploiement des actions normatives et opérationnelles adaptées. Du fait des implications multidimensionnelles et des répercussions transversales de ce problème international de santé publique, l'action des organisations internationales est également marquée par la coopération normative et par la coordination des activités opérationnelles.

La notion « organisation internationale » se définit comme une « organisation instituée par un traité ou par un autre instrument du droit régi par le droit international et

---

[29]Michel VIRALLY, *Le droit international en devenir : Essais écrits au fil des ans. op.cit.,* p.256

dotée d'une personnalité juridique internationale propre »[30]. « Sujets institués » [31] du droit international, les organisations internationales sont appréhendées dans la doctrine juridique comme « une association d'États, établie par accord entre ses membres et dotée d'un appareil permanent d'organes, chargé de poursuivre la réalisation d'objectifs d'intérêt commun par une coopération entre eux »[32]. Étant un « instrument avec un objet fonctionnel »[33] et disposées de compétences spécifiques dans des domaines bien déterminés [34], le fonctionnement des organisations internationales est encadré par le principe de spécialité. Il s'agit, selon la Cour internationale de Justice (CiJ), « d'un principe général » selon lequel les organisations sont dotées de « compétences d'attribution dont les limites sont fonction des intérêts communs que les membres leur donnent pour mission de promouvoir » [35]. Traduction juridique du principe des compétences d'attribution[36], le principe de spécialité permet de se rendre compte que les organisations internationales sont créées par les États pour

---

[30] Commission du Droit International, Projet d'articles sur la responsabilité des organisations internationales, article 2 alinéa a.

[31]Pierre-Mary DUPUY et Yann KERBRAT, *Droit international public*, 13e édition, Paris : édition Dalloz, 2016, p. 166.

[32]Michel VIRALLY, *Le droit international en devenir : Essais écrits au fil des ans. op. cit.,* p. 211.

[33] Jean Marc SOREL, « L'institutionnalisation des relations internationales », in *Traité de droit des organisations internationales*, Evelyne LAGRANGE et Jean-Marc SOREL (dir.), Paris, LGDJ, Lextenso éditions, 2013, p.34.

[34] Pierre KLEIN, « Les compétences et pouvoirs de l'organisation internationale », in *Traité de droit des organisations internationales* Evelyne LAGRANGE et Jean-Marc SOREL (dir.), Paris, LGDJ, Lextenso éditions, 2013, p. 720.

[35] Avis consultatif du 8 juillet 1996, *Licéité des armes nucléaires par un État dans un conflit armé,* §25 .p80 et §25, p.78.

[36] Pierre KLEIN, « Les compétences et pouvoirs de l'organisation internationale », *op.cit.,* p.720.

répondre à des besoins spécifiques dans des domaines dans lesquels leurs actions individuelles accusent des insuffisances voire des limites. Le caractère non-général des compétences des organisations internationales a été souligné en 1926 par la Cour Permanente de Justice Internationale (CPJI) en ces termes : « [c] omme la Commission européenne n'est pas un État, mais une institution internationale pourvue d'un objet spécial, elle n'a que les attributions que lui confère le Statut définitif, pour lui permettre de remplir cet objet ; mais elle a compétence pour exercer ces fonctions dans leur plénitude, pour autant que le Statut ne lui impose pas de restrictions »[37]. Dans son avis de 1996 relatif à la licéité des armes nucléaires, la CiJ a également souligné que « les organisations internationales sont des sujets du droit international qui ne jouissent pas, à l'instar des États, des compétences générales » [38] . Établies dans leurs actes constitutifs, les compétences des organisations internationales peuvent être également déterminées par la théorie des pouvoirs implicites, laquelle leur permet de « faire face efficacement à des situations nouvelles et de trouver une base juridique à des décisions prises ou à des actions menées par un organe de l'organisation en absence de base juridique explicite dans l'acte constitutif »[39].

S'il existe plusieurs typologies possibles d'organisations internationales[40], ce travail se focalisera uniquement sur les

---

[37] CPJI, (série B) n°14, *Avis consultatif sur la compétence de la Commission Européenne de Danube*, 8 décembre 1927.

[38] Cij, Recueil 1996, Avis consultatif du 8 juillet 1996, p.78, §25.

[39] Pierre Klein, *Les compétences et pouvoirs de l'organisation internationale, op.cit.*, p. 727,

[40]Michel VIRALLY, *Le droit international en devenir : Essais écrits au fil des ans*. op.cit pp.216-221 ; Evelyne LAGRANGE, « La catégorie "organisation internationale" », in *Traité de droit des organisations internationales*, Evelyne LAGRANGE et Jean-Marc SOREL (dir.), Paris, LGDJ, Lextenso éditions, 2013, », pp. 35-70.

organisations de coopération ou de coordination et, en conséquence, les organisations d'intégration, comme l'Union européenne, en seront exclues. Parmi les organisations de coopération, l'accent sera plutôt mis sur les organisations internationales à vocation universelle, indépendamment du fait qu'elles disposent des attributions générales ou sectorielles. Conséquemment, les organisations régionales, même ayant des fonctions indifférenciées ou limitées à un seul secteur d'activités, seront écartées.

Pour ce qui concerne les pandémies, celles-ci peuvent-être considérées comme des évènements sanitaires de grande ampleur qui s'abattent sur les populations du monde entier ou d'une grande partie de la planète. Étymologiquement, le préfixe de la notion vient du grec *pan* qui signifie « tout » et son suffixe vient également du grec *demos* qui veut dire « peuple ». Selon le dictionnaire Larousse, une pandémie est une « épidémie étendue à toute la population d'un contient, voire au monde »[41]. Selon l'OMS, une pandémie est « la propagation mondiale d'une nouvelle maladie »[42]. Si la notion « épidémie » correspond « au développement et à la propagation rapide d'une maladie contagieuse le plus souvent d'origine infectieuse dans une population »[43], la pandémie correspond à une propagation interhumaine étendue à plusieurs « Régions de l'OMS ». Dans son document de 2009 relatif au programme de lutte contre la grippe, l'OMS avait mis à jour les différentes phases d'une grippe pandémique et avait précisé que la phase qui correspond à

---

[41] https://www.larousse.fr/dictionnaires/francais/pand%C3%A9mie/57587, consulté le 27 juillet 2020.

[42] OMS, qu'est-ce qu'une pandémie ? Disponible sur le lien suivant : https://www.who.int/csr/disease/swineflu/frequently_asked_questions/pandemic/fr/

[43] https://www.larousse.fr/encyclopedie/divers/%C3%A9pid%C3%A9mie/48712

une pandémie - appelée phase 6- est celle qui « se caractérise par des flambées à l'échelon communautaire dans au moins un pays d'une autre Région de l'OMS en plus des critères définis à la phase 5 », qui, elle-même, décrit « une propagation interhumaine du virus dans au moins deux pays d'une Région de l'OMS »[44]. Par ailleurs, à raison du caractère décentralisé de la société internationale contemporaine et du droit ayant vocation à l'encadrer, la qualification d'une maladie de pandémie ou d'épidémie peut varier en fonction de l'entité qui qualifie. C'est, en effet, le cas du paludisme qualifié de pandémie par l'Assemblée générale de l'ONU alors que cette qualification est rejetée par l'OMS[45]. Il en est de même pour le VIH/sida qui est considéré comme une « pandémie mondiale » par l'Assemblée générale de l'ONU[46], tandis que le Conseil de sécurité [47] l'envisage comme une « épidémie ». Pour sa part, ce travail portera sur les pandémies de manière générale et prendra également en compte les grandes épidémies comme par exemple le Syndrome respiratoire aigu sévère (SRAS) ou la maladie à virus Ebola.

Si cette étude se propose d'analyser la riposte des organisations internationales aux pandémies, il est à noter que des juristes internationalistes se sont déjà penchés sur la façon dont le droit international public réagit aux maladies infectieuses et particulièrement aux pandémies.

---

[44] Organisation mondiale de la Santé, « Préparation et action en cas de grippe pandémique : document d'orientation de l'OMS », 2009, p.15.

[45] Hélène DE POOTER, *Le droit international de la santé face aux pandémies : vers un système de sécurité collective sanitaire collective* ?, *op cit.* p.15.

[46] « Action préventive et lutte contre le syndrome d'immunodéficience acquise », A/RES/42/8, 48e séance plénière, 26 octobre 1987. Disponible sur le lien suivant : https://undocs.org/fr/A/RES/42/8

[47] Alinéa premier du préambule de la Résolution S/RES/1983 (2011) disponible sur le lien suivant https://undocs.org/fr/A/RES/42/8

En effet, si l'on omet les travaux abordant le sujet sous l'angle du droit international de la santé[48], on doit tout d'abord mentionner, comme Hélène De Pooter l'a souligné[49], le texte du professeur David. P. Fidler, publié en 1999 et intitulé : « *International law and infectious diseases* » [50]. C'est un ouvrage qui traite de manière thématique les domaines et les aspects juridiques relatifs aux maladies infectieuses. Cette présentation se justifie selon l'auteur par « l'absence d'un régime juridique propre aux maladies infectieuses »[51]. Ensuite, en 2006, un colloque était organisé sur le thème suivant *« La société internationale et les grandes pandémies »*[52]. Dans le rapport introductif des actes dudit colloque, le professeur Jean Salmon, qui a souligné le caractère transfrontière et « contrebandier » des virus pandémiques et qui met en avant le fait que le premier réflexe des États était de recourir à des mesures unilatérales pour faire face à un danger qui leur vient de l'extérieur, a expliqué qu'à la fin du XIXe siècle *le droit conventionnel bilatéral* était développé par certains États dans le cadre de la prévention contre la

48 Comme par exemple, Nathalie FERRAUD-CIANDET, *Protection de la santé et sécurité alimentaire en Droit international*, Bruxelles, éditions Larcier, 2009, 325 p. ; Jean-Marie CROUZIER, *Droit international de la santé*, Paris : édition des archives contemporaines, 2009, 136 p

49 Hélène DE POOTER, *Le droit international de la santé face aux pandémies : vers un système de sécurité collective sanitaire collective ?, op.cit.*, p.11.

50 David P. FILDER, *International law and infectious diseases*, Oxford : Clarendon Press, 1999, 364.p. cité par Hélène DE POOTER, ibidem.

51 Hélène DE POOTER, *Le droit international de la santé face aux pandémies : vers un système de sécurité collective sanitaire collective ?*, op.cit. 12.

52 Rostane MEHDI, Sandrine MALJEAN-DUBOIS (dir.), *La société internationale et les grandes pandémies*, colloque des 7 et 8 décembre 2006, 222.p.

propagation de certaines maladies infectieuses dans certaines régions frontalières. Il a également brossé les grands traits du développement du *droit conventionnel multilatéral* dans le cadre de la lutte contre la propagation internationale des pandémies[53].

De plus, s'il y a jusqu'à présent un ouvrage qui fait autorité en la matière dans la doctrine juridique française ou même francophone, c'est bien sûr la thèse de Hélène De Pooter dont la publication date de 2015. Intitulé « *Le droit international face aux pandémies : vers un système de sécurité sanitaire collective* ? », cette thèse s'est articulée autour de l'idée que la lutte contre les pandémies, qui devrait se fonder sur la recherche d'un équilibre entre la sécurité de l'État et la liberté des échanges, prenait la forme « d'un système de sécurité sanitaire collective ». Dans sa première partie, l'ouvrage dresse un état des lieux de l'action collective contre les pandémies, et dans la seconde partie, il démontre que cette action collective, du fait de sa fragmentation et de son caractère incomplet laisse la place à une action individuelle contre les pandémies. Cette thèse situe les actions des organisations internationales dans le cadre de l'action collective des États contre les pandémies en relatant, d'une part, la coopération étatique canalisée par l'OMS et, d'autre part, la coordination interinstitutionnelle développée par les organisations concernées.

En outre, la Société Française pour le Droit International a organisé son colloque de 2018-année marquant le centenaire de la pandémie de grippe espagnole- autour du thème suivant : « Santé et Droit international »[54]. Dans les

---

[53] Jean SALMON, « Rapport introductif », in *La société internationale et les grandes pandémies*, Rostane MEHDI, Sandrine MALJEAN-DUBOIS (dir.), op.cit pp. 27-46.

[54]Guillaume LE FLOCH et Thibaut FLEURY GRAFF (dir.) *Santé et droit international*, colloque de Rennes de 2018 de la Société Française pour le Droit International, Paris, éditions A.Pédone, 2019,510 p.

actes dudit colloque publiés en 2019, le problème relatif au statut de la santé a été posé et est envisagé d'abord comme un droit internationalement protégé, ensuite comme un élément de la sécurité collective et enfin en tant que marché. Les normes et les acteurs de la santé y sont également abordés. Il en est de même pour les atteintes à la santé. La coopération internationale en matière de surveillance et de riposte aux épidémies et aux pandémies est évoquée parmi des enjeux contemporains et fait l'objet d'une contribution de la part de Hélène De Pooter[55]. En plus du rapport entre la santé et les nouvelles technologies, le problème de la santé dans le cadre des organisations régionales est également posé dans les actes dudit colloque ainsi que celui de l'accès à la santé au regard du droit international.

Si cette revue de la littérature s'est proposé de restituer la façon dont les travaux scientifiques rendaient compte de la manière dont le droit international réagit face aux défis pandémiques causés par les maladies infectieuses, force est de constater qu'il n'existe pas beaucoup d'ouvrages et de thèses ayant abordé, du moins dans la doctrine juridique francophone, le problème de la riposte aux pandémies sous l'angle purement et uniquement du droit des organisations internationales, si l'on omet bien entendu la thèse de Hélène De Pooter qui l'a traité mais sous l'angle de la sécurité sanitaire collective et quelques articles publiés dans des

---

[55] Hélène DE POOTER, « Aperçu de la coopération internationale en matière de surveillance et de riposte aux épidémies et aux pandémies », *in Santé et droit international*, Guillaume LE FLOCH et Thibaut FLEURY GRAFF (dir.), colloque de Rennes de 2018 de la Société Française pour le Droit International, Paris, éditions A. Pédone, 2019. *pp.225-245.*

revues[56][57]. Dès lors, une étude qui se propose d'examiner la manière dont les organisations internationales réagissent et s'adaptent aux défis générés par les pandémies ne serait pas un travail superflu, ce pour plusieurs raisons. D'abord, la pandémie de la COVID-19 confère une grande acuité voire un regain d'intérêt à cette question. Ensuite et surtout, les conséquences de la COVID-19 sur les méthodes de travail des organisations internationales constituent une question d'actualité car cette pandémie a bouleversé le fonctionnement de ces sujets dérivés du droit international. Enfin, les actions déployées par les organisations internationales pertinentes pour faire face aux défis pandémiques sont appelées à évoluer, à s'adapter et à s'étoffer. Il est donc intéressant de comprendre comment cette riposte s'est-elle adaptée à la pandémie de COVID-19 et aux grandes épidémies de la deuxième décennie du siècle en cours. Une étude traitant, sous l'angle du droit des

---

[56] Pierre KLEIN, « Les organisations internationales face au Sida », *Revue Belge de Droit International,* 1190, n° 1, pp.152 à 170 ; Paul BENKIMOUN, "Riposte aux épidémies : l'urgence d'une réforme de l'OMS", *Les Tribunes de la santé*, 2016/2 n° 51 pp.73 à 79 ; Michèle POULAIN, "Urgence sanitaire et Droit international, *Actualité et droit international*, mars 2002, 11 p ; Louis BALMOND, « Le Conseil de sécurité et la crise d'Ebola : entre gestion de la paix et pilotage de la gouvernance globale », *Questions de droit international*, décembre 2014, 25p.

[57] Il importe de souligner dans cette même lancée que *l'Annuaire Française de Droit International* a consacré, dans son édition 2020, publiée le 9 décembre 2021, de la page 3 à la page 147, un dossier spécial à la COVID-19 et qu'un certain nombre d'auteurs y ont contribué. Par exemple, on peut notamment citer Hélène De POOTER, *« L'OMS confrontée à la pandémie de Covid-19 : limites et potentialités du fonctionnalisme »* ; Béatrice TRIGEAUD, « *Les missions de l'OACI et de l'OMI durant la crise de la Covid-19* » ; Thomas LIEBY, « *L'organisation internationale et son secrétariat en temps de crise : L'exemple de l'OIT face à la Covid-19* », in Annuaire Française de Droit International, éditions CNRS, 9 décembre 2021, 1000 p.

organisations internationales, de la façon dont ces dernières réagissent et s'adaptent aux pandémies semble être opportune.

Le travail se propose donc de démontrer que, d'une part, la riposte des organisations internationales aux pandémies est marquée par une double adaptation (Partie I) et que, d'autre part, cette riposte, du fait du caractère transversal et transsectoriel des pandémies, est caractérisée par la coopération normative et la coordination des activités opérationnelles (Partie II).

PARTIE I : L'ADAPTATION DE LA RÉPONSE DES ORGANISATIONS INTERNATIONALES AUX PANDÉMIES

Les organisations internationales sont créées par les États pour « favoriser la réalisation de certains buts d'intérêt commun, par le biais d'action collective »[58]. Pour remplir la mission ayant justifié leur création, elles adoptent des méthodes de travail qui assurent leur fonctionnement continu et régulier et qui permettent à ses différents organes de s'acquitter de leurs responsabilités. Étant des sujets de droit évolutifs et appelées, comme tout corps social, à s'adapter et à se transformer en fonction de leur environnement social[59], les organisations internationales se doivent de se montrer sensibles à la nécessité d'ajuster leurs actions aux besoins évolutifs du monde contemporain.

À ce propos, la pandémie de COVID-19 semble avoir posé un double défi aux organisations internationales. D'une part, elle a bousculé les méthodes de travail traditionnelles de ces sujets dérivés du droit international et handicapé le fonctionnement habituel de leurs organes.

---

[58] Pierre Klein, « Les compétences et pouvoirs de l'organisation internationale », in *Traité de droit des organisations internationales* Evelyne LAGRANGE et Jean-Marc SOREL (dir.), Paris, LGDJ, Lextenso éditions, 2013, p. 716.

[59] Evelyne LAGRANGE et Jean-Marc SOREL (dir.), *Traité de droit des organisations internationales*, Paris, LGDJ, Lextenso éditions, 2013, p.7

D'autre part, les conséquences sans précédent entraînées par cet évènement sanitaire extraordinaire exigent des organisations internationales une riposte substantielle appropriée dans le cadre des compétences qui leur sont attribuées.

L'objectif de cette première partie est donc de tenter de démontrer que la réponse des organisations internationales face aux pandémies est caractérisée par une double adaptation. D'abord, pour affronter les pandémies, les organisations ont adopté de nouvelles méthodes de travail. Ensuite, elles ont ajusté leur cadre d'action conformément au domaine d'activité ayant justifié leur création et pour lequel elles sont compétentes.

Pour ce faire, dans un premier temps, seront présentées, à travers l'exemple de l'Organisation des Nations Unies (ONU), les nouvelles méthodes de travail adoptées par les organisations internationales pour s'adapter aux circonstances inédites entraînées par les pandémies (Chapitre I). Ensuite, sera abordée la question de l'adaptation de leurs actions normatives et opérationnelles aux défis posés par les pandémies (Chapitre II).

Chapitre I : L'adaptation des méthodes de travail des organisations internationales : l'exemple de l'ONU à l'occasion de la COVID-19

Les organisations internationales sont fondées pour accomplir des buts bien déterminés. Appelées dans leur vie institutionnelle à affronter des situations nouvelles, elles se doivent de s'y adapter car elles disposent d'un « pouvoir d'auto-organisation » [60] . Ainsi, face aux circonstances exceptionnelles entraînées par la pandémie de COVID-19, aux mesures édictées par les États hôtes pour éviter la propagation du virus sur leur territoire et à la nécessité de protéger leur personnel, les organisations internationales ont été amenées à adapter leurs méthodes de travail. Cet effort d'adaptation peut être illustré à travers l'exemple de l'ONU. En effet, tant l'Assemblée générale (section I), le Conseil de sécurité (section II) que les organes intégrés de l'ONU (section III) ont adopté de nouvelles méthodes de travail dans l'objectif de s'adapter aux situations extraordinaires provoquées la pandémie de COVID-19.

---

[60]Michel VIRALLY, *Le droit international en devenir : Essais écrits au fil des ans*, *op. cit.*, p.262.

Section 1 : Les procédures de travail aménagées par l'Assemblée générale de l'ONU

Pour faire face aux circonstances inédites générées par la pandémie de COVID-19, l'organe plénier de l'ONU a adapté son cadre de travail en adoptant des méthodes de travail particulières susceptibles de lui permettre de continuer à remplir sa mission (§1). Ayant permis à l'Assemblée générale d'adopter un ensemble de décisions et de réaliser des activités essentielles pour la vie de l'organisation, la mise en œuvre de ces nouvelles procédures mérite d'être appréciée (§2).

§1 : Exposé des procédures adoptées

Alors que le SARS-CoV-2 est considéré à partir du 11 mars 2020 comme une pandémie et que la ville de New York était soumise à une quarantaine stricte dans un pays qui était devenu l'épicentre mondial de la maladie, la soixante-quatorzième session de l'Assemblée générale, dans l'objectif de trouver les voies et moyens pour continuer à s'acquitter de ses fonctions et exercer ses pouvoirs, est obligée de s'adapter aux circonstances sans précédent entraînées par la pandémie. Dans cette perspective, elle a adopté des procédures spéciales concernant le vote des décisions et des résolutions, la tenue d'élections sans réunion plénière et l'organisation du débat général dans le cadre de la 75e session ordinaire de cette Assemblée.

Tout d'abord, par la décision 74/544 portant sur la « Procédure de prise de décisions de l'Assemblée générale pendant la pandémie de COVID-19 »[61], l'organe plénier de

---

[61] La décision peut-être consultée sur le lien suivant: https://www.un.org/pga/74/2020/06/10/decision-number-74-544-

l'ONU, qui constitue le temple principal du multilatéralisme, a adopté le 27 mars 2020 une procédure d'approbation tacite dans le but de faire face aux problèmes nés de la quasi-fermeture du siège social de l'organisation, de continuer à exercer les pouvoirs et à accomplir les fonctions qui lui sont dévolues par la Charte de San Francisco, notamment ceux d'adopter des recommandations pour l'organisation. L'adoption de cette procédure est consécutive à une lettre datée du 24 mars 2020, dans laquelle le président de l'Assemblée générale s'est montré conscient « des circonstances extraordinaires imposées par la COVID-19 »[62] et de « la nécessité pour l'Assemblée de continuer à prendre les décisions essentielles pour l'organisation »[63]. Reconduite le 15 mai 2020 par la décision 74/555[64], le 18 juin 2020 par la décision 74/558[65] et le 21 juillet par la décision 74/561 [66]jusqu'à la fin du mois d'août 2020, cette procédure

---

procedure-for-taking-decisions-of-the-general-assembly-during-the-coronavirus-disease-2019-covid-19-pandemic/.

[62] AG/12144, Communiqué de presse de l'Assemblée générale, « *En adoptant « tacitement » plus d'une vingtaine de textes depuis le 27 mars, l'Assemblée générale fait entendre sa voix pendant la pandémie de COVID-19* », disponible sur le lien suivant : https://www.un.org/press/fr/2020/ag12144.doc.htm, consulté le 05/08/2020

[63] AG/12144, *ibidem*.

[64] Cette décision est disponible sur le lien suivant: https://www.un.org/pga/74/2020/05/15/extension-of-the-procedure-for-taking-decisions-of-the-general-assembly-during-the-coronavirus-disease-covid-19-pandemic-2/

[65] Cette décision est disponible sur le lien suivant: https://www.un.org/pga/74/2020/06/18/extension-of-the-procedure-for-taking-decisions-of-the-general-assembly-during-the-coronavirus-disease-covid-19-pandemic-until-the-end-of-july-2020-2/, consulté le 1er août 2020.

[66] Cette décision est disponible sur le lien suivant https://www.un.org/pga/74/2020/07/21/extension-of-the-procedure-for-taking-decisions-of-the-general-assembly-during-the-coronavirus-

autorise le Président de l'Assemblée générale à « faire circuler », en cas qu'il serait impossible de tenir une séance plénière et après consultation du Bureau[67], les projets de décision de l'Assemblée générale à tous les membres dans le cadre d'une « procédure silencieuse » d'au moins 72 heures. Par ailleurs, cette décision indique qu'en cas de non-rupture du silence, la décision bénéficierait du sceau de l'adoption et que, à l'occasion de la première séance tenue après la cessation de cette procédure particulière, l'Assemblée générale devrait prendre note de l'adoption des décisions arrêtées dans le cadre de la mise en œuvre de cette procédure extraordinaire[68].

Aménageant un cadre procédural qui facilite l'adoption des résolutions, cette procédure d'approbation tacite a été complétée par un document de clarification [69] détaillant les différentes étapes[70] à respecter dans le cadre de la mise en œuvre de la procédure dite « sous silence ».

Ensuite, par la décision 74/557 du 29 mai 2020 relative à la « Procédure pour la tenue d'élections au scrutin secret

---

disease-covid-19-pandemic-until-the-end-of-august-2020-2/, consulté le 1er août 2020.

[67] Selon l'article 38 du Règlement intérieur de l'Assemblée générale de l'ONU, le Bureau se compose du Président de l'Assemblée générale, des vingt et un vice-présidents et des présidents des six grandes commissions.

[68] Décision 74/544 portant sur la procédure de prise de décisions de l'Assemblée générale pendant la pandémie de coronavirus 2019 (COVID-19).

[69] Giuseppe NESI, « The United Nations principal political organs and the universal pandemic: How to meet, negotiate and deliberate under new, extraordinary and exceptional circumstances'? *Questions of international law*, Jun 2020. p.8.

[70] Ce document est disponible sur le lien suivant: https://www.un.org/pga/74/2020/06/10/step-by-step-process-for-consideration-of-draft-decisions-resolutions-in-accordance-with-general-assembly-decision-74-544-of-27-march-2020-entitled-procedure-for-taking-decisions-of-the-gener/

sans réunion plénière pendant la pandémie de COVID-19 » [71], l'Assemblée générale, conformément à ses obligations[72] et à sa pratique en la matière et compte tenu des circonstances particulières imposées par la pandémie, a décidé d'organiser de manière simultanée et sans séance plénière les élections de son Président, des membres non-permanents du Conseil de sécurité et des membres de l'ECOSOC. Cette procédure, qui détaille les mécanismes de vote et les mesures de précaution à respecter à l'occasion des opérations électorales, a vocation à être utilisée par les organes subsidiaires de l'Assemblée générale.

En dernier lieu, par la décision 74/562 du 22 juillet 2020 relative aux « Réunions de haut niveau de l'Assemblée générale en septembre 2020 »[73], l'Assemblée générale a modifié le format du débat général à l'occasion de sa soixante-quinzième session ordinaire et de ses réunions de haut niveau. Sans vouloir « créer de précédents pour les futurs débats généraux »[74], l'organe plénier de l'ONU a décidé que les chefs d'États et de gouvernements sont invités à soumettre des déclarations préenregistrées qui seront diffusées dans la salle de l'Assemblée générale pendant le débat général de l'Assemblée à sa soixante-

---

[71] Cette décision est disponible sur le lien suivant : https://www.un.org/pga/74/2020/05/29/procedure-for-holding-elections-by-secret-ballot-without-a-plenary-meeting-during-the-coronavirus-disease-covid-19-pandemic-2/, consulté le 8 août 2020.

[72] Selon l'article 18 de la charte de l'ONU, l'Assemblée est responsable notamment de l'élection des membres non permanents du Conseil de sécurité et l'élection des membres du Conseil économique et social ; De plus, selon l'article 30 du Règlement intérieur de l'Assemblée générale, elle doit élire un président et vingt et un vice-président trois mois au moins avant l'ouverture de la session qu'ils doivent présider.

[73] Cette décision est disponible sur le lien suivant : https://www.un.org/pga/74/2020/07/22/high-level-meetings-of-the-general-assembly-in-september-2020-2/ consulté le 08 août 2020

[74] Décision 74/562 du 22 juillet 2020 relative aux « Réunions de haut niveau de l'Assemblée générale en septembre 2020 ».

quinzième session, la réunion de haut niveau pour commémorer le soixante-quinzième anniversaire de l'ONU et d'autres réunions de haut niveau [75] .En outre, cette décision souligne que le Président de l'Assemblée générale distribuera des comptes-rendus in extenso du débat général et de diffusera, dans la mesure du possible, un document de compilation des déclarations prononcées.

Dans l'ensemble, l'Assemblée générale de l'ONU s'est efforcée à adapter ses méthodes de travail aux situations extraordinaires provoquées par la pandémie de COVID-19 par l'adoption de nouvelles procédures relatives au vote des résolutions, à l'élection au sein de l'organisation et au débat général de sa 75e session ordinaire. Si ces mesures exceptionnelles ont permis à l'Assemblée de poursuivre ses travaux pendant la pandémie dans le cadre de sa « compétence générale d'action » [76], leur mise en œuvre pourrait aussi soulever des difficultés et mériterait, sous ce rapport, d'être appréciée.

§2 : Appréciation de leur mise en œuvre

L'un des organes principaux de l'ONU et l'expression la plus parfaite de cette « communauté internationale fonctionnelle » [77] que forment les peuples des Nations Unies, l'Assemblée générale est avant tout un espace de rencontre dont le siège principal de l'organisation constitue son « lieu réglementaire » de réunion. Elle constitue ainsi

[75] Décision 74/562 du 22 juillet 2020, *ibidem*.
[76] Stéphane DOUMBE-BILLE, « Fonctions et pouvoirs, Article 10 » ,in *La Charte des Nations Unies, Commentaire article par article*, Jean Pierre COT, Alain PELLET et Mathias FORTEAU, 3e édition, Paris, Economica, 2005, p. 642.
[77] Stéphane DOUMBE-BILLE, « Fonctions et pouvoirs, Article 10 », in *La Charte des Nations Unies, Commentaire article par article*, *op.cit.*, p.643.

un cadre privilégié de discussions, d'échanges, de négociations et de prise de décisions. Cela est clairement établi dans l'article 10 la Charte de l'organisation qui dispose que « [l]'Assemblée générale peut discuter toutes questions ou affaires rentrant dans le cadre de la présente Charte ou se rapportant aux pouvoirs et fonctions de l'un quelconque des organes prévus dans la présente Charte, et, sous réserve des dispositions de l'article 12, formuler sur ces questions ou affaires des recommandations aux membres de l'Organisation des Nations Unies, au Conseil de sécurité, ou aux membres de l'organisation et au Conseil de sécurité ». Dès lors, les procédures spéciales adoptées par l'Assemblée générale pendant la pandémie de COVID-19 sont susceptibles d'être envisagées comme la manifestation de la volonté de l'Assemblée générale de demeurer un lieu de discussion et de maintenir son pouvoir de recommandation en dépit du fait que les séances plénières n'ont pas pu matériellement se tenir dans son hémicycle.

Pour ce qui concerne la procédure d'approbation tacite, ce mécanisme a permis à l'Assemblée générale d'adopter un ensemble de décisions et de résolutions pendant la pandémie[78]. Utilisée pour la première fois dans toute l'histoire de l'Assemblée générale[79] et élément marquant de l'évolution des modalités exceptionnelles d'adoption des résolutions au sein de cet organe plénier, la procédure d'approbation tacite ne constitue pas pour autant une révolution dans les méthodes de travail au sein de l'Assemblée générale car, bien avant la pandémie, elle était déjà en application dans les grandes commissions et

---

[78] Les textes adoptés peuvent être consultés sur le site suivant: https://www.un.org/fr/ga/74/resolutions.shtml

[79] Giuseppe NESI, « The United Nations principal political organs and the universal pandemic: How to meet, negotiate and deliberate under new, extraordinary and exceptional circumstances'? art. préc., p.20.

d'autres organes subsidiaires de l'Assemblée générale et même dans les groupes régionaux pour faciliter les échanges et affiner les éléments de langage en vue de l'adoption des projets de résolution[80]. Dès lors, en adoptant cette procédure d'approbation tacite, l'Assemblée générale s'est inspirée d'une pratique déjà en cours dans ses organes subsidiaires et s'est dotée d'une stratégie pragmatique de fonctionnement particulier. Par ailleurs, la mise en œuvre de cette procédure d'approbation tacite est susceptible de donner lieu à quelques considérations.

En premier lieu, il est à noter que ce mécanisme semble n'avoir pas pris en compte les préalables nécessaires à l'adoption des résolutions et des décisions. Cela s'explique notamment par le fait que « les consultations avant le vote [étaient] limitées »[81]. Or, on sait que l'Assemblée générale, incarnation parfaite de « l'institutionnalisation de la diplomatie normative »[82], constitue dans sa quintessence même un espace de discussions et d'échanges. Or, on sait également que « la consultation est le plus souvent le préalable à l'adoption d'une résolution »[83] et qu'elle est considérée comme « [un] instrument permettant aux États de s'informer mutuellement de leurs intentions et de leurs

---

[80] Explications fournies à l'auteur en août 2020 par l'Ambassadeur Patrick Saint-Hilaire, ex-Représentant permanent d'Haïti auprès de l'ONU.

[81] Agence France Presse, « ONU : l'Assemblée générale se dote d'un droit de veto, Washington oublie de l'utiliser », publié par le Journal Le Point, le 21/04/202, disponible sur le lien suivant : https://www.lepoint.fr/monde/onu-les-pays-de-l-assemblee-generale-s-arrogent-un-droit-de-veto-21-04-2020-2372222_24.php# et consulté le 07 août 2020.

[82] Pierre-Mary DUPUY et Yann KERBRAT, *Droit international public*, *op.cit.*, p.406.

[83] Gérard CAHIN, « La variété des fonctions imparties aux organisations internationales », *in Traité de droit des organisations internationales*, Evelyne LAGRANGE et Jean-Marc SOREL (dir.) Paris, LGDJ, Lextenso éditions, 2013, p.680.

intérêts, afin d'éviter les situations conflictuelles qui pourraient résulter des actes qu'ils posent »[84]. Dès lors, on peut se demander si cette procédure d'approbation tacite n'était pas incomplète[85]. Toutefois, le nombre de résolutions et de décisions adoptées au cours de la pandémie laisse à penser que, si les délégations nationales étaient privées de la technique de la négociation directe susceptible de faire bouger les lignes et ne pouvaient pas compter sur les réunions informelles dans les couloirs du *building* de l'ONU ou à la cafétéria la plus proche, elles avaient quand bien même été en mesure de tenir des consultations au moins par le truchement des nouvelles techniques de communication.

En second lieu, cette procédure d'approbation tacite, que l'on peut considérer comme une décision à caractère auto-normateur, pourvue à ce titre d'un caractère juridique obligatoire, ouvre la voie à un seul État membre au plus d'être en mesure de bloquer l'adoption d'une résolution si ce dernier décide de formuler une objection et donc de rompre le silence à cet effet. Si l'on doit reconnaître que cette procédure semble être sensible au « respect sacro-saint de la volonté souveraine de chacun des États membres »[86], il n'en demeure pas moins qu'elle pourrait être appréhendée comme ayant proclamé un retour au règne de la règle de l'unanimité. En conférant aux membres le droit de briser le silence dans le délai imparti, cette procédure ne prendrait pas en considération la substitution de la règle de la majorité à celle de l'unanimité, cette substitution constituant un prolongement important de l'institutionnalisation des

[84]Michel VIRALLY, *Le droit international en devenir : Essais écrits au fil des ans*, *op.cit.*, p.256.
[85] Agence France Presse, « ONU : l'Assemblée générale se dote d'un droit de veto, Washington oublie de l'utiliser », article de presse précité.
[86]Pierre-Mary DUPUY et Yann KERBRAT, *Droit international public*, op.cit. p.409.

procédures normatives dans les organisations internationales[87]. Une telle prérogative est susceptible d'être analysée comme la reconnaissance d'un droit de *veto* à chacun des membres de l'Assemblée générale[88] en ce sens que la volonté souveraine d'un seul État est capable de faire obstacle à la constitution d'une écrasante majorité ou à un consensus âprement obtenu.

Par ailleurs et sous un autre registre, cette procédure peut être considérée comme être coulée dans le moule de la pratique dite de consensus qui s'est développée dans les organes délibérants des Nations Unies à partir du début des années 1970 et qui constitue depuis 1986 la méthode requise pour l'adoption du budget de la l'ONU[89]. En effet, l'alignement de cette procédure circonstancielle sur cette technique pragmatique pourrait se justifier par le fait qu'elle ne repose pas sur un vote mais plutôt sur l'absence de vote et que l'on sait celle-ci reste la marque la plus éloquente du consensus. Toutefois, il se pose un problème. Si le consensus repose effectivement sur le renoncement au vote, il facilite et rend inévitables par la même occasion les négociations. Or, on sait que les contacts personnels et les échanges directs entre les diplomates sont de nature à établir la confiance et à nourrir la volonté du compromis. Or, pendant la COVID-19, les consultations avant le vote étaient limitées puisque l'accès à ce lieu de rencontre que constitue l'hémicycle de l'Assemblée générale s'est avéré impossible en raison des mesures de précaution qui ont été mises en place pour faire face à la pandémie. Dès lors, sans que cela ne puisse remettre en question l'idée que la

---

[87]Pierre-Mary DUPUY et Yann KERBRAT, *ibidem.* p. 408

[88] Balmond LOUIS, « Le Conseil de Sécurité des Nations Unies face à la pandémie de Covid-19 : pourquoi ce silence ? », *Paix et sécurité européenne et internationale,* 27 juin 2020, n° 14, p.5.

[89]Pierre-Mary DUPUY et Yann KERBRAT, Droit international public, *op.cit,* .p.195.

procédure instituée par la décision 74/544 ferait écho à la technique du consensus, tout porte à soutenir qu'elle n'a pas non plus rendu plus facile le travail des délégués des États membres.

En outre, si les États sont habilités à rompre le silence et, du coup, à bloquer le consensus tacite qu'impliquerait la procédure dite « sous silence », cette rupture serait appréhendée très négativement si un seul d'entre eux venait à briser ce « silence consensuel » et à interrompre le processus. Le risque pour qu'il soit incompris ou cloué au à pilori par ses pairs serait élevé. D'ailleurs, l'État objectant, en manifestant son désaccord à propos du projet de texte soumis à la procédure d'approbation tacite, ne serait pas en mesure de défendre sa position ni de proposer sur-le-champ des amendements susceptibles de modifier le texte proposé[90]. Dès lors, cette méthode de travail adoptée par l'Assemblée générale pour faire face à la COVID-19 aurait soumis les États membres à une situation « à prendre ou à laisser »[91] qui briderait leur souveraineté et qui donnerait à environnement hostile à tout esprit de consensus et de compromis.

En dernier lieu, si cette procédure d'approbation tacite qui se révèle une méthode de travail empreinte de réalisme et qui a en quelque sorte prouvé son efficacité, elle est, en revanche, susceptible de soulever des problèmes du point de vue de la transparence car on sait que les acteurs de la société civile et notamment les organisations non-gouvernementales « conditionnant largement le

[90] Giuseppe NESI, « The United Nations principal political organs and the universal pandemic: How to meet, negotiate and deliberate under new, extraordinary and exceptional circumstances'?, art.préc. p.9.
[91] Giuseppe NESI, « The United Nations principal political organs and the universal pandemic: How to meet, negotiate and deliberate under new, extraordinary and exceptional circumstances'? art.préc . p.9.

fonctionnement d'institutions internationales »[92] n'ont pas pu assister aux discussions avant le vote des textes parce que pendant la pandémie celles-ci ont été très limitées et ne se sont déroulées que virtuellement.

Il découle de ce qui vient d'être exposé que l'Assemblée générale a adapté sa méthode de travail pour faire à la COVID-19. Elle a aménagé des procédures particulières pour faciliter la continuité des travaux pendant la crise née de la pandémie. Elle s'est notamment dotée d'une procédure d'approbation tacite qui lui a permis d'adopter un ensemble de décisions et de résolutions. Elle a en outre élaboré des procédures spéciales pour la tenue, sans séance plénière, des élections au sein de l'organisation et le format du débat général de la soixante-quinzième session ordinaire et de ses réunions de haut niveau. Toutefois, si ces nouvelles méthodes de travail ont facilité la poursuite des travaux de l'Assemblée générale pendant la pandémie, l'analyse de la mise en œuvre de la procédure dite « d'approbation tacite » révèle certaines faiblesses. Par ailleurs, l'Assemblée générale n'est pas le seul organe de l'ONU ayant adapté sa méthode de travail aux circonstances inédites provoquées par la pandémie de COVID-19. Le Conseil de sécurité s'est également efforcé à s'acclimater aux défis posés par cette pandémie en adaptant ses formalités de travail pendant la crise.

Section 2 : Les formalités de travail exceptionnelles définies par le Conseil de sécurité

Doté de pouvoirs particulièrement importants afin de faciliter une action rapide et efficace de l'ONU, le Conseil de sécurité, l'instance suprême de la gouvernance

---

[92]Pierre-Mary DUPUY et Yann KERBRAT, Droit international public, *op.cit.*, p.2.

mondiale[93], a établi des méthodes de travail pour poursuivre ces travaux malgré la pandémie (§1). Leur mise en œuvre mérite d'être analysée (§2).

§1 : Présentation des méthodes de travail adoptées

Face à l'impossibilité de se réunir dans son enceinte du fait de la quasi-fermeture des locaux du siège onusien et des mesures adoptées dans l'État de New York pour endiguer et freiner la propagation de la pandémie, le principal organe politique de l'ONU, semble s'être réfugié tout d'abord dans un long « silence institutionnel » [94] qualifié « [d]'assourdissant »[95] par l'Ambassadeur de la République Fédérale d'Allemagne auprès des Nations Unies avant d'annoncer l'adoption de nouvelles méthodes de travail pour la poursuite de ses travaux. Si la date de sa dernière réunion formelle au siège de l'ONU avant la pandémie remonte au 12 mars 2020, le Conseil a fait signe de vie de manière informelle et dans des « conditions artisanales »[96]

---

[93] Philippe BERNARD et Carrie NOOTEN, « L'ONU, symbole du désordre mondial », Le Monde, 29 Avril 2020, disponible sur le lien suivant : https://www.lemonde.fr/idees/article/2020/04/29/l-onu-symbole-du-desordre-mondial_6038075_3232.html

[94] Raphaël MAUREL, « L'(in) activité du Conseil de sécurité face au covid-19 : où est confinée la « communauté » internationale ? *», Revue des Droits et des Libertés fondamentales*, 2020, n° 18, p.1

[95] Radio France Internationale, Coronavirus: première réunion pour un Conseil de sécurité divisé, disponible sur le lien suivant : http://www.rfi.fr/fr/science/20200410-coronavirus-premi%C3%A8re-r%C3%A9union-conseil-s%C3%A9curit%C3%A9-onu-divis%C3%A9, consulté le 25 avril 2020.

[96] Raphaël MAUREL, « L'(in) activité du Conseil de sécurité face au covid-19 : où est confinée la « communauté » internationale ? », art. préc., p. 2

le 24 mars 2020 à travers une réunion virtuelle privée[97]. Mais ce n'est que le 27 mars 2020 que la présidence chinoise du Conseil, a publié une lettre[98] pour faire état des méthodes de travail convenues par les membres du Conseil dans le but de lui permettre de continuer à s'acquitter de la mission que lui confie la Charte. Ce document détaille une nouvelle procédure de vote des résolutions et présente également la méthode de la vidéoconférence procurant au Conseil une enceinte virtuelle pour la tenue de ses réunions.

Pour ce qui concerne la nouvelle procédure relative à l'adoption des résolutions, il s'agit d'un mécanisme permettant à la présidence du Conseil d'informer par voie épistolaire les membres qu'un projet de résolution, traduit dans les 6 langues de travail des Nations Unies, est mis aux voix et de leur demander de fournir leur vote par écrit dans un délai de vingt-quatre heures non prorogeable[99]. Selon cette procédure, les membres doivent soumettre à la Division des affaires du Conseil de sécurité une lettre par voie électronique pour communiquer son vote sur le projet de résolution. Ainsi, toute délégation ne se prononçant pas dans le délai du vote est considérée comme avoir été absent. Comme s'il s'agissait d'une « procédure épistolaire numérique », le président du Conseil, dans les 3 heures qui suivent le vote, doit adresser une deuxième lettre aux États membres à l'effet de leur communiquer la décision de

---

[97] Les détails sont disponibles sur le site suivant : http://chnun.chinamission.org.cn/eng/hyyfy/t1760650.htm. Consulté le 09 août 2020

[98] S/2020/253, « Lettre datée du 27 mars 2020, adressée aux Représentants permanents des membres du Conseil de sécurité par le Président du Conseil de sécurité », signé par Jun Zhang, Président du Conseil de sécurité et disponible sur le lien suivant : https://undocs.org/fr/S/2020/253

[99] S/2020/253, « Lettre datée du 27 mars 2020, adressée aux Représentants permanents des membres du Conseil de sécurité par le Président du Conseil de sécurité ».

chaque délégation et le résultat de l'opération. C'est l'accomplissement de cette étape qui ouvre la voie à la formulation des explications de vote par écrit. Selon le document, la fin du processus intervient quand la présidence, dans les 12 heures suivant la fin de la période de vote, réunit par vidéoconférence le Conseil de sécurité pour annoncer le résultat du vote. Il est remarquable que les résolutions adoptées dans le cadre de cette procédure aient le même statut juridique que celles adoptées dans la salle du Conseil de sécurité[100].

S'agissant de la méthode de la vidéoconférence, elle est mentionnée dans la lettre du 27 mars 2020 comme le procédé extraordinaire et temporaire auquel le Conseil décide de recourir pour faire face aux difficultés d'organiser des réunions formelles dans l'enceinte du Conseil. Ainsi, ces vidéoconférences ont la vocation de paver la voie à la tenue des séances de travail virtuelles et à l'adoption d'un ensemble de résolutions le 31 mars 2020[101].

La présidence du Conseil étant mensuellement tournante[102], la République dominicaine en briguant cette fonction en avril 2020 a présenté, après consultation du Secrétariat et des membres du Conseil, des directives[103]

---

[100] S/2020/253, « Lettre datée du 27 mars 2020, adressée aux Représentants permanents des membres du Conseil de sécurité par le Président du Conseil de sécurité ».

[101] Il s'agit des résolutions suivantes : S/RES/2515 (2020), S/RES/2516 (2020) ,S/RES/2517 (2020) et
S/RES/2518 (2020) sont disponibles sur le lien suivant: https://www.un.org/securitycouncil/fr/content/visioconf%C3%A9renc es-2020

[102] Article 18 du Règlement intérieur provisoire du Conseil de sécurité.

[103] S/2020/273, « Lettre datée du 2 avril 2020, adressée aux représentantes permanentes et aux représentants permanents des membres du Conseil de sécurité par le Président du Conseil de sécurité », signé de José Singer Weisinger, Président du Conseil de sécurité et disponible sur le lien suivant : https://undocs.org/fr/S/2020/273

pour compléter les mesures décrites et adoptées dans la lettre du 27 mars 2020. À ce propos, le document confirme la procédure de vote établie à la fin du mois de mars et précise que les mesures conservatoires, temporaires et extraordinaires qu'elle contient n'ont pas vocation à créer un précédent. En distinguant des « visioconférences publiques » et des « visioconférences privées », le document de travail de la présidence dominicaine a en quelque sorte introduit des amendements dans la méthode de réunions arrêtée en mars. De plus, cette feuille de route souligne que ces réunions virtuelles, qui se ne déroulent qu'en anglais, ne seront pas annoncées dans le *Journal des Nations Unies* et ne donneront pas lieu à la publication d'un procès-verbal. En outre, dans cette lettre du 2 avril 2020, on peut noter que « les débats du Conseil qui se tiennent sur la plateforme virtuelle ne sont pas considérés comme des séances formelles »[104] et que « dans les 48 heures suivant une visioconférence, le Président du Conseil fait distribuer, comme document du Conseil, un document qui regroupe les interventions des personnes ayant fait un exposé et celles des États membres du Conseil et des États non membres du Conseil qui ont participé à une visioconférence et souhaité que leur déclaration figure dans ce document »[105]. Par ailleurs, en ce qui a trait aux déclarations de la présidence du Conseil de sécurité lors d'une vidéoconférence publique, le document établit que, sans que cela ne puisse donner lieu à un précédent, qu'elles doivent faire l'objet d'un accord consensuel électronique suivant une procédure

[104] S/2020/273, « Lettre datée du 2 avril 2020, adressée aux représentantes permanentes et aux représentants permanents des membres du Conseil de sécurité par le Président du Conseil de sécurité », op.cit. p 3.

[105] S/2020/273, « Lettre datée du 2 avril 2020, adressée aux représentantes permanentes et aux représentants permanents des membres du Conseil de sécurité par le Président du Conseil de sécurité », ibidem

d'approbation tacite d'au moins 48 heures, ces déclarations étant dotées du même statut que celles adoptées dans l'enceinte du Conseil de sécurité.

Accédée pour sa part à la présidence du Conseil pour le mois de mai 2020, l'Estonie s'est inspirée, des modalités de travail définies par le Conseil de sécurité en mars et en avril 2020 pour définir de concert avec les membres du Conseil les méthodes de travail pour la durée de son mandat. Ces lignes directrices[106] confirment l'accord des membres du Conseil de maintenir en vigueur la procédure écrite d'adoption des résolutions définies dans la lettre du 27 mars 2020 et conservent les deux types de visioconférences établis par la présidence dominicaine. Il est notable que ces modalités de travail sont reprises intégralement par la France qui a accédé en juin 2020 à la présidence du Conseil[107]. Pour le mois de juillet 2020, sous la présidence de la République fédérale d'Allemagne, les membres du Conseil de sécurité ont décidé qu'il revient au Conseil de décider ou non d'organiser ses réunions au siège de l'ONU[108]. Le document de travail arrêté par le président du Conseil en juillet 2020 comprend une annexe qui définit les mesures exceptionnelles qui s'appliqueront lors de la tenue

---

[106] S/2020/372, « Lettre datée du 7 mai 2020, adressée aux représentantes et représentants permanents des membres du Conseil de sécurité par le Président du Conseil », signé de Sven Jürgenson, Président du Conseil de sécurité et disponible sur le lien suivant : https://undocs.org/fr/S/2020/372

[107] S/2020/490, « Lettre datée du 2 juin 2020, adressée aux représentantes et représentants permanents des membres du Conseil de sécurité par le Président du Conseil de sécurité », signé de Nicolas de Rivière, Président du Conseil de sécurité. Disponible sur le lien suivant : https://undocs.org/fr/S/2020/490

[108] S/2020/639, « Lettre datée du 1er juillet 2020, adressée aux représentantes et représentants permanents des membres du Conseil de sécurité par le Président du Conseil », signé de Christoph Heusgen, Président du Conseil de sécurité, disponible sur le lien suivant : https://undocs.org/fr/S/2020/639

des réunions en présentiel du Conseil. Jusqu'au mois de septembre 2020, dans le strict respect des mesures de précaution, les réunions virtuelles ont constitué la règle et les réunions en présentiel l'exception au sein du Conseil de sécurité[109].

De tout ce qui précède, on peut soutenir que, face à cette pandémie, le Conseil de sécurité, après s'être confiné dans un temps de mutisme, a adapté ses méthodes de travail, d'une part, en adoptant une procédure écrite de vote pour adopter des résolutions et en organisant des visioconférences et d'autre part, en définissant des nouvelles modalités d'organisation des réunions en présentiel au siège de l'ONU. Si ces nouvelles méthodes ont permis au Conseil de s'acquitter de ses responsabilités pendant la pandémie, leur mise en œuvre est de nature à soulever des interrogations et requiert dès lors d'être analysée.

§2 : Analyse de leur mise en œuvre

Alors que cette pandémie de coronavirus semble avoir proclamé le temps de la « diplomatie numérique » et entraîné ce qu'il serait tenté d'appeler la « virtualisation du multilatéralisme », le Conseil de sécurité, organe politique de premier plan de l'ONU chargé d'assurer la paix et la sécurité internationales, allait se trouver, contre son gré et pour la première fois dans l'histoire de sa vie institutionnelle, dans l'impossibilité d'organiser des séances de travail en présentiel dans son enceinte new-

---

109 S/2020/877, « Lettre datée du 2 septembre 2020, adressée aux représentantes et représentants permanents des membres du Conseil de sécurité par le Président du Conseil », signé de Abdou Abarry, Président du Conseil de Sécurité, disponible sur le lien suivant : https://undocs.org/fr/S/2020/877

yorkaise. Si les mesures adoptées par l'État hôte et celles mises en œuvre ont porté le Conseil à rester silencieux pendant quelques jours, ce directoire mondial a adopté, comme il a été exposé dans le paragraphe précédent, des mesures historiques en vue de faire face à des circonstances sans précédent. Ces adaptations ont porté le Conseil à prendre des mesures qui sont certes exceptionnelles mais qui sont de nature à donner lieu à quelques observations. Ainsi, des considérations porteront sur la nature des séances virtuelles, le lieu de travail du conseil pendant la pandémie et l'absence du multilinguisme dans les visioconférences.

Mais avant tout, il est remarquable que depuis le 12 mars 2020 le Conseil n'a pas organisé de séances formelles dans son enceinte à New York et que ce n'est que le 24 mars qu'une réunion virtuelle a été organisée. 12 jours se sont donc écoulés sans que le Conseil ne tienne de réunions de travail alors qu'il devait selon l'article 28.1 de la Charte de l'ONU s'organiser à exercer ses fonctions en permanence. Si le silence du Conseil peut-être surprenant compte tenu de ses responsabilités mondiales et de son obligation d'être dans une logique de « fonctionnement quasi continu »[110], il importe de noter que cela ne constitue pas pour autant un accroc ni à son Règlement intérieur ni à sa pratique. En effet, l'article 1er dudit Règlement dispose que « [l] e Conseil de sécurité, sous réserve des dispositions de l'article 4 relatif aux réunions périodiques, se réunit sur convocation du Président toutes les fois que celui-ci le juge nécessaire et sans que l'intervalle entre les réunions puisse excéder quatorze jours ». Or, dans la pratique du Conseil, ce délai maximal de 14 jours devant séparer deux réunions du Conseil n'est pas scrupuleusement respecté. D'ailleurs,

[110] Régis CHEMAN, « Procédures, Article 28 », *in La Charte des Nations Unies, Commentaire article par article*, Jean Pierre COT, Alain PELLET et Mathias FORTEAU, 3e édition, Paris, Economica, 2005, p. 961.

dès ses premières années de travail, il est rapporté que le Conseil n'a pas respecté la règle des 14 jours à 23 reprises entre 1946 à 1951[111]. De plus, en 1959, le Conseil ne s'est pas réuni du 30 janvier au 20 août, soit un total de 203 jours[112]. À propos de l'article 1er du Règlement, le premier volume du Répertoire de la pratique du Conseil de sécurité explique : « [qu'] il est devenu habituel, lorsqu'aucun point particulier de l'ordre du jour du Conseil n'exige un examen immédiat, que le Président du Conseil de sécurité consulte les représentants du Conseil pour déterminer s'il y a des objections à son intention de déroger à l'article 1. »[113] (*traduction personnelle*). Quoique le non-respect de cette règle de 14 jours semble relever de l'ordre des exceptions ces dernières années[114], le fait pour le Conseil de n'avoir pas organisé de séances entre le 12 et le 24 mars 2020 n'est une donnée nouvelle dans la pratique de cet organe. Toutefois, cette interruption fonctionnelle soulève une certaine contradiction par rapport à l'article 28.1 qui pose

[111] Loraine SIEVERS and Sam DAWS, « 14-day interval between Council meetings, as per Rule 1, during the time of COVID-19 », in « *The procedure of The Un Security Council* », 4th Edition Oxford University Press, Oxford, 2014, p.235, disponible sur le lien suivant : https://www.scprocedure.org/chapter-4-section-6 et consulté, le 20 juillet 2020.

[112] Loraine SIEVERS and Sam DAWS, «14-day interval between Council meetings, as per Rule 1, during the time of COVID-19», « *The procedure of The UN Security Council*», *op.cit.*, p.236.

[113] Ledit répertoire est disponible sur le lien suivant : https://read.un-ilibrary.org/united-nations/repertoire-of-the-practice-of-the-security-council-supplement-1946-1951_5b7c1772-en#page16

[114] Entre la session du 21 décembre 2001, et la session du 10 janvier 2002, entre la session du 22 décembre 2003 et la session du 12 janvier 2004 ou encore entre la session du 21 décembre 2019 et la session du 7 janvier 2020, le délai de 14 jours entre deux réunions du Conseil n'a pas été respecté. Cela serait plutôt du au congé de fin d'année et aux vacances d'hiver.

le principe « d'une capacité d'action permanente du Conseil de sécurité »[115].

Ensuite, pour ce qui concerne la nature des réunions virtuelles organisées par le Conseil pour faire face aux pandémies, d'aucuns soulèvent qu'elles ne sauraient être considérées comme des réunions formelles puisqu'elles ne sont pas tenues dans l'enceinte physique du Conseil de sécurité et que la Charte n'autoriserait que des réunions physiques[116]. D'ailleurs, les règles directrices du Conseil précisant ses nouvelles modalités alimenteraient des doutes à ce propos puisque le document du 2 avril 2020 mentionne que les réunions virtuelles ne sont pas annoncées dans le Journal des Nations Unies, qu'elles ne donnent pas lieu à la publication d'un procès-verbal et que les débats du Conseil qui se tiennent sur la plateforme virtuelle ne sont pas considérés comme des séances formelles [117]. Si ces affirmations traduisent le désaccord entre les membres du Conseil, elles ne suffisent pas à remplacer un simple fait. C'est que le Conseil, en tant qu'organe de l'ONU, par le truchement de ces visioconférences qui lui ont permis de poursuivre ces travaux, a adopté un ensemble de résolutions malgré les circonstances extraordinaires provoquées par la pandémie. Or, la procédure écrite adoptée par le Conseil en mars 2020 confirme l'équivalence juridique entre les résolutions adoptées dans le cadre de ladite procédure et celles adoptées dans l'enceinte du Conseil de sécurité et que

[115] Régis CHEMAN, « Procédures, Article 28 », *in La Charte des Nations Unies, Commentaire article par article, op.cit.*, p.963.

[116] Johannes EISELE, Agence France Presse, « Coronavirus: Le Conseil de sécurité tenu en échec », 23 mars 2020, disponible sur le lien suivant : https://www.challenges.fr/monde/coronavirus-le-conseil-de-securite-de-l-onu-en-echec_703771, consulté le 11 août 2020.

[117] S/2020/273, « Lettre datée du 2 avril 2020, adressée aux représentantes permanentes et aux représentants permanents des membres du Conseil de sécurité par le Président du Conseil de sécurité ».

c'est par visioconférence que le président a annoncé le résultat du vote des résolutions. Or, aucun État n'a contesté la validité de ces résolutions. Dès lors, il y a lieu de considérer que ces visioconférences ayant permis aux membres du Conseil d'intervenir sur de nombreux sujets avant de prendre les décisions par le truchement des résolutions sont susceptibles d'être envisagées comme des réunions formelles du Conseil[118]. En l'absence de ce format de travail virtuel, tout porte à croire que le Conseil serait dans l'impossibilité de s'acquitter de ses tâches essentielles pendant la pandémie. Par ailleurs, si le Conseil avait adopté une résolution relative à la conduite par visioconférence de ses travaux au cours de la pandémie, cela serait probablement de nature à évacuer toutes les incertitudes entretenues sur la nature de ses réunions virtuelles. Si la procédure exceptionnelle d'adoption des résolutions élaborée par le Conseil pour faire face aux circonstances engendrées par cette pandémie n'a pas la vocation de constituer un précédent, il n'est pas exclu que les réunions virtuelles pourront faire partie intégrante de la pratique du Conseil.

De plus, alors que l'état de fait provoqué par la mise en œuvre des mesures pour freiner la propagation de la pandémie de COVID-19 a conduit le Conseil à s'adapter aux circonstances exceptionnelles nées de la crise en s'attribuant un cadre de travail virtuel, certaines délégations n'ont pas approuvé cette démarche et ont mis en avant le fait que le Conseil doit tenir des réunions physiques au siège de l'ONU[119]. Ainsi, se pose la question de savoir où le

[118] Giuseppe NESI, « The United Nations principal political organs and the universal pandemic: How to meet, negotiate and deliberate under new, extraordinary and exceptional circumstances'?, art. préc., p.14.
[119] Johannes EISELE, Agence France Presse, « Coronavirus: Le Conseil de sécurité tenu en échec », 23 mars 2020, disponible sur le lien suivant : https://www.challenges.fr/monde/coronavirus-le-conseil-de-securite-de-l-onu-en-echec_703771, consulté le 11 août 2020.

Conseil s'est-il réuni pendant la crise pandémique ? On sait que la Charte de l'organisation établit que « le Conseil de sécurité peut tenir des réunions à tous endroits autres que le siège de l'organisation qu'il juge les plus propres à faciliter sa tâche »[120]. Cette disposition est clarifiée par l'article 5 du Règlement intérieur provisoire du Conseil qui indique que les réunions du Conseil se tiennent normalement au siège de l'organisation et que le Conseil peut se prononcer sur toute proposition qui lui est formulée de tenir les réunions dans un autre lieu. N'ayant pas précisé le lieu de ses réunions virtuelles dans l'élaboration et la publication des documents relatifs à ses nouvelles méthodes pendant la crise née de la pandémie de COVID-19, le Conseil semble avoir attribué à cette question une considération secondaire, car à l'évidence, les circonstances engendrées par le confinement ont créé pour lui un besoin d'adaptation qui l'a fait basculer dans une dynamique de télétravail. Si, comme le rapporte le journal Le Monde sur la réunion du 9 avril 2020 du Conseil, les diplomates étaient disséminés aux quatre coins du monde, que la représentante américaine se trouvait dans son « ranch » du Kentucky et que le représentant de la République dominicaine présidait la rencontre depuis son domicile à Saint-Domingue[121], cela ne peut que rendre compte de la sensibilité du Conseil à l'évolution du monde contemporain et de son effort d'adaptation pour avoir su concevoir un « lieu virtuel » dans le but de maintenir son fonctionnement et de poursuivre ses travaux. Si les fondateurs de l'organisation ne pouvaient pas avoir la préscience d'établir qu'une pandémie pourrait, à l'instar d'un changement fondamental de circonstances,

---

[120] Charte des Nations Unies, Article 28, alinéa 3.

[121] Philippe BERNARD et Carrie NOOTEN, « L'ONU, symbole du désordre mondial », Le Monde, 29 Avril 2020, disponible sur le lien suivant : https://www.lemonde.fr/idees/article/2020/04/29/l-onu-symbole-du-desordre-mondial_6038075_3232.html

empêcher la tenue des rencontres physiques dans le siège de l'organisation à New York, le Conseil a cependant l'obligation procédurale de s'organiser de manière à pouvoir exercer ses fonctions en permanence et, dans cette perspective, il devrait être mesure d'adapter ses méthodes de travail à l'évolution des temps et des circonstances. Dès lors, il y a lieu de faire valoir que les visioconférences du Conseil pendant la pandémie sont rattachables au siège de l'ONU à New York puisque ce sont des représentants permanents des membres du Conseil qui y ont pris part et que le Conseil, en tant qu'organe de l'ONU, n'avait pas décidé, dans le cadre de son « pouvoir discrétionnaire »[122] en cette matière, de tenir ses rencontres dans un autre pays. Par ailleurs, il est à faire observer qu'en pratique, bien qu'il ait fait peu usage de cette possibilité que lui reconnaît l'article 28 (3) de la Charte, le Conseil avait tenu des séances de travail hors de la ville de New York. À cet égard, il s'était réuni à Paris en 1948, 1951 et 1952, à Addis-Abeba en 1972, à Panama city en 1973 à Genève en 1990 et à Nairobi en 2004[123]. Si cette pratique démontre que l'article 28 (3) de la Charte sur le lieu de rencontre du Conseil a été appliqué avec souplesse[124] il y a lieu de se demander si les réunions virtuelles pendant la pandémie ne seraient pas susceptibles d'être interprétées également comme l'expression de la flexibilité de cette disposition et de l'article 5 du Règlement intérieur provisoire du Conseil.

---

[122] Régis CHEMAN, « Procédures, Article 28 », *in La Charte des Nations Unies, Commentaire article par article*, op.cit., p. 971

[123] Régis CHEMAN, « Procédures, Article 28 », *in La Charte des Nations Unies, Commentaire article par article*, op.cit.pp. 972-973 ; Security Council Report, *New Security Council Working Methods in the midst of COVID-19*, 27 March 2020, disponible sur le lien suivant : https://www.whatsinblue.org/2020/03/new-council-working-methods-in-the-midst-of-covid-19.php

[124] Régis CHEMAN, « Procédures, Article 28 », *in La Charte des Nations Unies, Commentaire article par article*, *op.cit.*, p.973.

En outre, l'adaptation dans laquelle la pandémie a entraîné le Conseil en termes de méthode de travail a soulevé des problèmes du point de vue de la diversité linguistique. Si le Règlement intérieur provisoire du Conseil dispose que l'anglais, l'arabe, le chinois, l'espagnol, le français et le russe sont les langues officielles et de travail du Conseil, que les discours prononcés dans l'une quelconque des six langues du Conseil de sécurité sont interprétés dans les cinq autres langues et que tout représentant peut prendre la parole dans une langue autre que les langues officielles du Conseil de sécurité[125], selon les documents établissant les méthodes de travail adoptées par le Conseil, les débats virtuels devaient se tenir uniquement en anglais. Bien que « des contraintes matérielles et techniques » puissent justifier cette décision, cette dernière ne manque pas de soulever des difficultés. D'une part, tout en reconnaissant « l'utilisation hégémonique »[126] de la langue anglaise dans la plupart des organisations internationales, l'imposition de cette langue dans les réunions virtuelles du Conseil pendant la pandémie s'attaque au « multilinguisme de principe » qui caractérise la vie institutionnelle du Conseil. À cet égard, le Représentant permanent de le République française auprès du Conseil a indiqué que « la seule victime du passage du Conseil aux réunions par vidéoconférence était le multilinguisme et que la légitimité et l'efficacité de l'ONU dépendent du respect de cette valeur fondamentale ». D'autre part, si ce monolinguisme a privé le Conseil de la diversité nécessaire à son fonctionnement, il y a lieu de

---

[125] Article 41, 42 et 44 du Règlement intérieur provisoire du Conseil.

[126] Papa Louis FALL, Yishan ZHANG, « Situation du multilinguisme dans les Organismes du système des Nations Unies », rapport JIU/REP/2011/4 du Corps commun d'inspection, Genève, 2011, p. iii, disponible sur le lien suivant : https://www.unjiu.org/fr/content/situation-du-multilinguisme-dans-les-organismes-du-syst%C3%A8me-des-nations-unies

reconnaître que, sans faire l'apologie d'une « technocratie monoculturelle »[127], s'il existait actuellement une langue qui puisse permettre aux 15 membres du Conseil de poursuivre leur travail dans une situation sans précédent pendant laquelle le service d'interprétariat du Secrétariat de l'ONU était incapable de fonctionner, c'était bien l'anglais. Et aucune des autres langues officielles du Conseil ne semblerait apte à exercer cette fonction d'unité dans la diversité linguistique devant prévaloir au Conseil.

Les instances interétatiques comme l'Assemblée générale et le Conseil de sécurité ne sont pas les seuls organes de l'ONU à avoir adapté leurs méthodes de travail pour faire face aux défis posés par la pandémie de COVID-19. Les organes de l'organisation revêtus d'une nature intégrée ont également déployé des efforts pour répondre aux problèmes nés de cette pandémie.

Section 3 : L'adaptation des modalités de travail des organes intégrés de l'ONU

Les contraintes inédites posées par la pandémie de maladie à coronavirus (COVID-19) ont porté les organes intégrés de l'ONU à adopter des modalités de travail exceptionnelles afin d'incarner la continuité fonctionnelle sinon la permanence devant caractériser les organisations internationales pendant la crise pandémique. Permettant à l'organisation « de se détacher des États membres, d'exprimer la volonté propre de l'organisation et d'agir

[127] Dominique HOPPE, « Vers une technocratie monoculturelle. Qui défend le français à l'ONU ?, *Le Monde Diplomatique*, octobre 2012, p.8. Cet article est disponible sur le lien suivant : https://www.monde-diplomatique.fr/2012/10/HOPPE/48281, consulté le 11 août 2020.

dans son intérêt exclusif »[128], ces organes, « composés de personnes exerçant leurs fonctions dans le seul intérêt de l'organisation et soumis par conséquent, à une obligation d'indépendance à l'égard des intérêts nationaux »[129], ont répondu aux risques de paralysie susceptibles d'être entraînés par la pandémie en recourant à des procédés divers. Ces efforts d'adaptation peuvent être illustrés par les modalités de travail ad hoc aménagées au sein du Secrétariat de l'ONU (§1). Les adaptations introduites par la Cour internationale de Justice (Cij) dans ses méthodes de travail traduisent également les efforts des organes intégrés de l'ONU pour continuer à s'acquitter de leurs fonctions malgré les entraves matérielles posées par la pandémie (§2).

§1 : Aménagement des modalités de travail ad hoc au sein du Secrétariat de l'ONU

Véritable « colonne vertébrale »[130] de l'organisation et incarnation de la logique de l'institutionnalisation de la communauté internationale[131], le Secrétariat de l'ONU est l'un des organes principaux prévus par la Charte de San Francisco. Contrairement aux organes de nature intergouvernementale composés de représentants des États

---

[128] Jacques SCHWOB, les organes intégrés de caractère bureaucratique dans les organisations internationales dans les organisations internationales, Bruyant, Bruxelles, 1987, p.4

[129] Michel VIRALLY, « Panorama du droit international contemporain. Cours général de droit international public », RCADI, vol.183, p. 256.

[130] Frank LATTY, « L'organe administratif intégré de l'Organisation internationale », in *Traité de droit des organisations internationales* Evelyne LAGRANGE et Jean-Marc SOREL (dir.), Paris, LGDJ, Lextenso éditions, 2013, p. 493.

[131] Frank LATTY, « L'organe administratif intégré de l'Organisation internationale », op.cit. p.492

membres, le Secrétariat est un organe administratif composé du Secrétaire général et du personnel nécessaire au fonctionnement quotidien de l'organisation. Celui-là, étant « le plus haut fonctionnaire de l'organisation » et, à ce titre « le chef de la vaste machine administrative de l'ONU », a aménagé un ensemble de modalités de travail temporaires pour permettre à l'organisation d'accomplir sa mission et d'atteindre ses buts nonobstant les obstacles sans précédent causés par la pandémie de la COVID-19 (A), leur mise en place étant susceptibles d'appeler plusieurs considérations (B).

A- L'exposé des modalités de travail ad hoc

Pour faire face aux défis inouïs posés par la pandémie de maladie à coronavirus (COVID-19), le Secrétaire général de l'ONU, dans le cadre de ses responsabilités administratives, a pris un ensemble de mesures pour adresser la situation exceptionnelle provoquée par cette crise mondiale et pour assurer la sécurité des membres du personnel. C'est ainsi que, le 13 mars 2020, le plus haut fonctionnaire des Nations Unies a décidé que « tous les membres du personnel travailleraient désormais à distance, sauf si leur présence physique à New York ou ailleurs dans le monde était indispensable à l'accomplissement d'une tâche essentielle »[132]. Cette décision de recourir au télétravail, qui se justifie par les mesures de distanciation sociale et les restrictions de déplacement mises en œuvre notamment à New York, a été prévue dans un premier temps seulement

[132] Lettre du 31 mars 2020 du Secrétaire général au personnel concernant les modalités de télétravail en vigueur en matière de télétravail, disponible sur le lien suivant : https://www.un.org/sites/un2.un.org/files/sg_letter_to_all_staff_in_ny_re_covid-19_31_march_2020_french.pdf

pour le mois d'avril 2020 mais a été reconduite en mai 2020[133], en juin 2020[134], en juillet 2020[135] et pour les mois qui ont suivi. Il s'agit d'une mesure ayant pour but de restreindre l'accès physique aux locaux des Nations Unies tout en maintenant les bureaux ouverts virtuellement.

La détermination des catégories de fonctionnaires dont la présence serait requise physiquement au bureau de travail est clarifiée dans un document intitulé : « Directives administratives concernant la pandémie de nouveau coronavirus (COVID-19) », lequel est élaboré par le Réseau des ressources humaines du Conseil des chefs de Secrétariat du système des Nations Unies. Ces directives ont classé le personnel des organisations appliquant le régime des Nations Unies en deux catégories[136]. D'une part, un personnel essentiel constitué des fonctionnaires chargés d'exercer des fonctions essentielles en cas de fermeture des bureaux en raison de la pandémie. Et d'autre part, un personnel non essentiel dont les membres du personnel qui ne seraient pas

---

[133]Lettre du 17 avril 2020 du Secrétaire général au personnel concernant le maintien des modalités de télétravail au Siège maintenues jusqu'au 31 mai 2020, disponible sur le lien suivant : https://www.un.org/sites/un2.un.org/files/sg_letter_to_staff_on_extension_telecommuting_17april2020_french.pdf

[134]Lettre du 11 mai 2020 su Secrétaire général au personnel concernant le maintien des modalités de télétravail au Siège maintenues jusqu'au 30 juin 2020, disponible sur le lien suivant : https://www.un.org/sites/un2.un.org/files/lettre_du_sg_au_personnel_du_siege_11_mai_2020_ra_f.pdf

[135]Lettre du 12 juin 2020 du Secrétaire général au personnel concernant le maintien des modalités de télétravail au Siège maintenues jusqu'au 31 juillet 2020,disponible sur le lien suivant : https://www.un.org/sites/un2.un.org/files/sg_letter_to_all_un_staff_members_in_ny_-_french_-_12jun20.pdf

[136] Directives administratives concernant la pandémie de nouveau coronavirus (COVID-19), disponible sur le lien suivant :https://www.un.org/sites/un2.un.org/files/covid_032_administrative_guidelines_for_offices_on_the_novel_coronavirus_covid-19_outbreak_version_4.0_ra_f.pdf

tenus de travailler. La première catégorie est notamment composée des fonctionnaires suivants : les chefs de Secrétariat ou chefs de bureau, l'équipe locale de coordination du dispositif de sécurité, le personnel médical, le personnel de sécurité, le personnel des ressources humaines, les services de la paie ou des finances et les services de l'informatique et des communications.

Le recours aux modalités de télétravail aurait permis au Secrétariat de l'ONU d'accomplir ses tâches « avec succès ». Dans une lettre qu'il a communiquée au personnel de l'Organisation en mai 2020, le Secrétaire général a, à cet effet, indiqué que : « [c] ela fait maintenant deux mois que l'ONU fonctionne grâce au télétravail et à d'autres nouvelles façons de travailler, et je trouve admirable la manière dont nos activités se sont poursuivies sans interruption, ce qui a permis à l'organisation non seulement de rester ouverte mais également de jouer un rôle mondial de premier plan dans l'aide apportée aux populations pour faire face à la crise »[137].

Parallèlement aux modalités de télétravail et compte tenu des progrès de la ville de New York dans le combat contre la pandémie, le Secrétariat de l'ONU a élaboré en juin 2020 un plan échelonné en 4 phases concernant le retour progressif du personnel dans les locaux des Nations Unies. La première phase (phase zéro) s'est appliquée pendant le mois de juin et une bonne partie du mois de juillet 2020 et a limité le nombre de personnes (personnel ou représentantes et représentants) présentes dans les locaux entre 200 à 300[138]. La phase 1 dont la mise en œuvre a commencé le 20 juillet 2020 s'est limitée

---

[137] Lettre du 11 mai 2020 du Secrétaire général au personnel concernant le maintien des modalités de télétravail au Siège maintenues jusqu'au 30 juin 2020

[138]Lettre du 8 juillet 2020 du Secrétaire général au personnel pour faire le point sur les projets de retour dans les locaux, disponibel sur le lien suivant
https://www.un.org/sites/un2.un.org/files/sg_letter_to_staff_re_update_on_phased_reopening_of_unhq_-_8jul20_-_signed_french.pdf

aux fonctions qui ne peuvent être exécutées que sur place et a correspondu à un taux d'occupation de 10 % au maximum[139]. Le 24 août 2020, la phase 2 du plan retour a été mise en œuvre et a porté le taux d'occupation du siège de l'ONU à 40 %. Dans le cadre de cette phase, le Secrétaire général a indiqué que « [seul] le personnel exerçant des fonctions qui peuvent être exécutées plus efficacement sur place sera autorisé à revenir au bureau, à condition que le taux d'occupation de 40 % ne soit pas dépassé »[140].

Il résulte de ce qui précède que le Secrétariat de l'ONU s'est adapté aux défis sans précédent entraînés par la pandémie de maladie à coronavirus dans le but de poursuivre les activités de l'organisation. Cette adaptation se concrétise par l'aménagement des modalités de télétravail afin de permettre au personnel de continuer à s'acquitter de ses obligations à distance. Elle se cristallise également par la mise en place d'un plan de reprise échelonné afin de planifier le retour graduel et organisé des fonctionnaires dans le siège de l'ONU. Par ailleurs, ces mesures d'adaptation méritent quelques observations.

B- La signification de ces modalités de travail

Les modalités de télétravail aménagées par la Secrétariat de l'ONU pour continuer à remplir aussi bien ses « fonctions administratives autonomes » [141] que ses « fonctions

---

[139]Lettre du 8 juillet 2020 du Secrétaire général au personnel pour faire le point sur les projets de retour dans les locaux.

[140]Lettre du 29 juillet 2020 du Secrétaire général au personnel du Siège concernant le retour progressif dans les locaux, disponible sur le lien suivant :
https://www.un.org/sites/un2.un.org/files/sg_letter_un_sm_ny_phase_2.pdf

[141] Frank LATTY, « L'organe administratif intégré de l'Organisation internationale », in *Traité de droit des organisations internationales*

administratives d'appui » [142]pendant la pandémie de maladie à coronavirus (COVID-19) sont susceptibles d'être analysées sous plusieurs angles. Toutefois, il serait plus approprié de les aborder ici sous l'angle du droit de la fonction publique internationale.

En effet, le recours général au télétravail pendant la pandémie est à même d'être considéré comme la traduction du respect par l'ONU de son devoir de protection de son personnel. Cette obligation de protection des fonctionnaires internationaux est consacrée, certes dans un contexte différent, par l'avis consultatif du 15 mars 1949 sur la réparation des dommages subis au service des Nations Unies de la Cour internationale de Justice. Elle est également reconnue comme un principe général par la jurisprudence du Tribunal administratif de l'Organisation internationale du Travail[143]. Le souci de protection de la santé et de la vie des membres du personnel du Secrétariat de l'ONU pendant la pandémie s'est manifesté à plusieurs reprises à travers les lettres que le Secrétaire général de l'ONU leur a adressées. Après avoir demandé, dans sa correspondance du 23 mars 2020, aux membres du personnel de l'ONU « de se protéger, d'être raisonnable et de faire preuve de bienveillance »[144], le plus haut fonctionnaire de l'ONU a souligné, dans une autre lettre datée du 31 mars que la santé et le bien-être de ses collègues demeurent sa préoccupation. Il en est de même dans sa lettre du 12 juin 2020 dans laquelle le Secrétaire

Evelyne LAGRANGE et Jean-Marc SOREL (dir.), Paris, LGDJ, Lextenso éditions, 2013, p. 510

[142] Frank LATTY, « L'organe administratif intégré de l'Organisation internationale », op.cit, p.206

[143] TAOIT, *Affaire Jurado*, jugement n°70, 1964

[144]Lettre du 23 mars 2020 –du Secrétaire général aux membres du personnel concernant leur bien-être pendant le COVID-19 disponible sur le lien suivant : https://www.un.org/sites/un2.un.org/files/sg_letter_to_staff_on_wellbeing_23march2020_french.pdf

général a assuré aux membres du personnel de l'organisation que leur santé et leur sécurité demeurent sa priorité absolue[145]. L'élaboration du plan échelonné de retour au siège principal de l'organisation semble être guidée notamment par la nécessité d'assurer le respect de la dignité de ceux là qui font tourner quotidiennement la machine administrative de l'ONU. Par ailleurs, la mise en place d'une ligne téléphonique spéciale COVID-19 pour répondre aux questions des fonctionnaires pendant la pandémie est susceptible d'être envisagée comme le respect du devoir d'assistance que l'organisation a envers son personnel.

Par ailleurs, le recours généralisé du Secrétariat de l'ONU au télétravail pendant la crise pandémique est à distinguer des modalités de télétravail qui ont été déjà aménagées au sein de l'organisation par l'entremise de la circulaire ST/SGB/2019/3 du 18 avril 2019. Cette dernière autorise les fonctionnaires, si la nature du travail le leur permet, à solliciter par une demande écrite auprès du supérieur hiérarchique, l'autorisation de travailler ailleurs que dans leur lieu d'affectation officiel. Cette autorisation est subordonnée à la condition que les fonctionnaires en question soient joignables par téléphone ou par courrier électronique pendant la plage horaire fixée pour leur lieu d'affectation et qu'ils disposent du matériel de bureau nécessaire à l'exercice de leurs fonctions officielles[146]. Il y a lieu de faire remarquer que cette autorisation peut être accordée jusqu'à un maximum de trois jours par semaine de travail. Or, pour ce qui concerne les modalités de télétravail aménagées au cours de la pandémie à maladie coronavirus (COVID-19), elles ne sont pas assujetties à une requête de la

[145]Lettre du 12 juin 2020 du Secrétaire général au personnel concernant le maintien des modalités de télétravail au Siège maintenues jusqu'au 31 juillet 2020

[146] Circulaire du Secrétaire général, « Aménagement des modalités de travail », ST/SGB/2019/3, 18 avril 2019.

part d'un fonctionnaire désireux de « télétravailler » mais s'étendent et s'imposent indistinctement à tous les membres du personnel. Ces derniers sont tenus de travailler à distance, sauf si leur présence physique dans les locaux est requise aux fins de l'accomplissement d'une tâche essentielle. L'aménagement de ces modalités de travail temporaires ne donne pas lieu à un « accord de télétravail » [147] entre les membres du personnel et leur hiérarchie.

Au regard de ce qui vient d'être exposé, le Secrétariat de l'ONU, chargé de s'acquitter d'un ensemble de tâches quotidiennes et appelé à administrer les programmes et les politiques des autres organes principaux de l'organisation[148], a adopté un ensemble de décisions pour permettre à ses départements et bureaux d'être au moins virtuellement fonctionnels pendant la crise. Les modalités de télétravail aménagées pendant la pandémie ont non seulement permis aux membres du personnel de continuer à « être disponibles à distance » mais sont également susceptibles d'être appréhendées comme des mesures mises en œuvre par l'organisation dans le cadre de son devoir de protection envers ses fonctionnaires. Si le recours au télétravail et l'implémentation échelonnée d'un plan de retour graduel au siège de l'organisation illustrent les efforts d'adaptation du Secrétariat de l'ONU aux circonstances extraordinaires provoquées par la pandémie, ce dernier n'est pas le seul organe intégré à s'être ajusté à cette situation inédite. D'autres organes intégrés comme la Cour internationale de Justice se sont également accommodés aux exigences induites par la pandémie.

---

[147] Circulaire du Secrétaire général, « Aménagement des modalités de travail », ST/SGB/2019/3, 18 avril 2019

[148] https://www.un.org/fr/sections/about-un/main-organs/index.html

§2 : Les adaptions introduites par la Cour internationale de Justice dans ses méthodes de travail

La Cour internationale de Justice est l'organe judiciaire principal de l'Organisation des Nations unies. Il s'agit d'une « institution judiciaire à vocation matérielle générale »[149] dont la compétence s'étend à « toutes les affaires que les parties lui soumettront ainsi qu'à tous les cas spécialement prévus dans la Charte des Nations Unies ou dans les traités et conventions en vigueur »[150]. Sa mission est double. Elle consiste, d'une part, à régler conformément au droit international, par des arrêts qui ont force obligatoire et sont sans appel pour les parties concernées, les différends d'ordre juridique qui lui sont soumis par les États et, d'autre part, à donner des avis consultatifs sur les questions juridiques qui peuvent lui être soumises par les organes de l'ONU et les institutions du système dûment autorisées à le faire. Pour répondre aux circonstances inattendues provoquées par la pandémie, cette structure institutionnelle de l'ONU qui symbolise « un lien intime unissant juridiction permanente et organisation internationale »[151] a pris des mesures afin de continuer à accomplir sa mission.

Tout d'abord, conformément aux recommandations de l'ONU et des autorités néerlandaises, la Cour a annoncé en date du 20 mars 2020 l'adoption d'un ensemble « de mesures pour contribuer à contenir la propagation du virus à protéger la santé et le bien-être de ses juges et fonctionnaires et de leurs familles, tout en assurant la continuité des activités

---

[149] Gérard CAHIN, « la variété des fonctions imparties aux organisations internationales », in *Traité de droit des organisations internationales* Evelyne LAGRANGE et Jean-Marc SOREL (dir.), Paris, LGDJ, Lextenso éditions, 2013, p. 692.

[150] Article 36.1 et 2 du Statut de la CiJ

[151] Gérard CAHIN, « La variété des fonctions imparties aux organisations internationales », op. cit. p.692

relevant de son mandat »[152]. Sur le fondement de la mise en œuvre de ces mesures exceptionnelles, cette « Cour mondiale » n'a tenu aucune audience jusqu'au 31 mai 2020[153].

Ensuite, guidé par l'objectif d'assurer la continuité du « service international de la justice », l'organe judiciaire principal des Nations Unies a opté pour le travail à distance afin de poursuivre l'accomplissement de son mandat. Tout se passe comme si la pandémie a joué un rôle d'accélérateur dans les méthodes de travail de l'héritière de la Cour Permanente de Justice internationale (CPJI), qui a pris des dispositions pour organiser des réunions virtuelles au cours de la pandémie. Cette évolution, dictée par les circonstances est mise en relief, dans un communiqué de presse de la Cour qui rapporte que « [a] u cours de ces dernières semaines, des commissions de la Cour se sont réunies à plusieurs reprises par visioconférence. Hier, le 22 avril 2020, la Cour a tenu la première séance plénière virtuelle de son histoire »[154]. Les obstacles engendrés par la pandémie ont poussé cette juridiction internationale permanente à recourir aux nouvelles technologies. Grâce à celles-ci, la Cour a effectivement examiné diverses questions judiciaires

---

[152] Communiqué de presse N°2020/9, « Face à la pandémie de COVID-19, la CIJ a adopté des mesures visant à lui permettre de continuer à s'acquitter de son mandat », 20 mars 2020, disponible sur le lien suivant : https://www.icj-cij.org/files/press-releases/0/000-20200320-PRE-01-00-FR.pdf

[153] Communiqué de presse, No/2020/10, « La Cour prolonge la période pendant laquelle elle ne tiendra aucune audience », 7 avril 2020, disponible sur le lien suivant : https://www.icj-cij.org/files/press-releases/0/000-20200407-PRE-01-00-FR.pdf

[154] Communiqué de presse, No/2020/11, « La Cour a adopté un certain nombre de mesures de manière à assurer la continuité des activités relevant de son mandat durant la pandémie de COVID-19 », 23 avril 2020, disponible sur le lien suivant : https://www.icj-cij.org/files/press-releases/0/000-20200423-PRE-01-00-FR.pdf

pendantes et adopté une ordonnance sur des points de procédure[155].

En dernier lieu, l'un des aspects les plus essentiels des adaptations effectuées par la CiJ réside dans l'amendement de son règlement intérieur. Pour ajuster son cadre règlementaire aux circonstances nouvelles introduites par la pandémie du coronavirus, la « Cour mondiale » a modifié les articles 59 et 92 dudit instrument. En effet, il est ajouté un deuxième paragraphe à l'article 59 qui indique que « [l] a Cour peut décider, lorsque des raisons sanitaires, des motifs de sécurité ou d'autres motifs impérieux l'exigent, de tenir tout ou partie des audiences par liaison vidéo. Les parties sont consultées au sujet de l'organisation de telles audiences » [156]. Le deuxième amendement concerne le paragraphe 2 de l'article 94 qui dispose désormais que « [l]'arrêt est lu en audience publique de la Cour. La Cour peut décider, pour des raisons sanitaires, des motifs de sécurité ou d'autres motifs impérieux, que l'arrêt sera lu lors d'une audience accessible aux parties et au public par liaison vidéo. L'arrêt est considéré comme ayant force obligatoire pour les parties du jour de son prononcé » [157]. Ces modifications règlementaires, qui sont dépourvues de caractère temporaire, rendent compte des efforts déployés par la Cour pour adapter ces méthodes de travail aux nécessités de changement causées par la pandémie et

---

[155] Communiqué de presse, No/2020/11, « La Cour a adopté un certain nombre de mesures de manière à assurer la continuité des activités relevant de son mandat durant la pandémie de COVID-19 », op.cit.

[156] Communiqué de presse, No/2020/16, « Amendements apportés au Règlement de la Cour concernant la tenue d'audiences et la lecture des arrêts par liaison vidéo », 25 juin 2020, disponible sur le lien suivant : https://www.icj-cij.org/files/press-releases/0/000-20200625-PRE-01-00-FR.pdf

[157] Communiqué de presse, No/2020/16, « Amendements apportés au Règlement de la Cour concernant la tenue d'audiences et la lecture des arrêts par liaison vidéo », op.cit

facilitées par les nouvelles technologies. Bien que les nouvelles technologies peuvent constituer un facteur d'alourdissement et de diminution de l'efficacité des procédures juridictionnelles internationales[158], la décision de la plus haute juridiction internationale de tenir des audiences et de procéder à la lecture des arrêts par liaison vidéo pour des motifs notamment sanitaires est un signe concret du fait que la « mère respectée de toutes les juridictions internationale »[159] ait adapté ses normes de fonctionnement aux nouvelles réalités introduites par la pandémie de COVID-19.

Tout compte fait, les organes intégrés des organisations internationales se sont adaptés aux circonstances étranges créées par la pandémie de maladie à coronavirus (COVID-19). Cela s'est illustré notamment par les modalités de télétravail aménagées par le Secrétariat de l'ONU et par le recours aux nouvelles technologies et les modifications du cadre règlementaire de la Cour internationale de Justice.

Conclusion du chapitre 1

Il résulte de ce qui précède que la pandémie de COVID-19 a en quelque sorte bousculé les méthodes de travail habituelles des organisations internationales et risquait de bouleverser voire de compromettre la continuité de leur

[158] Alain PELLET, « Remarques sur l'(in) efficacité de la cour internationale de justice et d'autres juridictions internationales », communication faite lors d'une rencontre à Londres entre les membres du Comité des Conseillers Juridiques sur le Droit international public (CAHDI) du Conseil de l'Europe et les représentants des principaux cours et tribunaux internationaux et consacrée aux « Cours et tribunaux internationaux- Les défis à relever,), 6 octobre 2008 p.201.

[159] Alain PELLET, « Remarques sur l'(in) efficacité de la cour internationale de justice et d'autres juridictions internationales », op.cit. p. 204.

fonctionnement. Pour éviter le risque d'une telle paralysie et pour faire face aux contraintes imposées par la pandémie, les organisations internationales ont adapté leurs méthodes de travail. Cela s'est illustré à travers l'exemple de l'ONU et a été traduit par les nouvelles méthodes de travail adoptées notamment par l'Assemblée générale et par le Conseil de sécurité. En effet, pour ce qui concerne l'Assemblée générale, cet organe plénier de l'ONU a établi une procédure d'approbation tacite qui lui a permis d'adopter un ensemble de décisions et de résolutions au cours de la pandémie. Elle a, en outre, élaboré des procédures spéciales pour la tenue, sans séance plénière, des élections au sein de l'organisation. Elle a également adopté des règles particulières pour le format du débat général de la soixante-quinzième session ordinaire et de ses réunions de haut niveau. Toutefois, si ces nouvelles méthodes de travail ont permis à l'Assemblée générale de poursuivre ses travaux pendant la pandémie, l'analyse de la mise en œuvre de la procédure dite « d'approbation tacite » a permis de relever certaines faiblesses. Elles se traduisent notamment par le fait que cette procédure d'approbation tacite n'a pas favorisé les consultations habituelles avant l'adoption des résolutions, qu'elle a théoriquement permis à un seul État membre d'être en mesure de bloquer l'adoption d'une résolution et qu'elle semble avoir soumis les États membres à une logique procédurale « à prendre ou à laisser ». Pour ce qui concerne le Conseil de sécurité, cet organe restreint, pris de court par la pandémie, s'est adapté à la marche du monde en adoptant une procédure écrite de vote pour adopter des résolutions et en recourant au système des visioconférences pour la tenue de ses réunions virtuelles. Si le recours à cette méthode de travail semble pouvoir revêtir une dimension historique et s'il a effectivement permis au Conseil de sécurité de poursuivre ses travaux pendant la pandémie, l'analyse de sa mise en œuvre a mis en exergue certaines limites. Elles portent notamment sur le fait que la visioconférence n'a pas facilité le respect du multilinguisme qui demeure une valeur fondamentale dans le fonctionnement de l'ONU. Par ailleurs, il est à noter que les organes intégrés de l'ONU ont également adopté de nouvelles règles pour adapter leurs méthodes de travail aux défis posés par la pandémie. C'est le cas du Secrétariat général de l'ONU et de la Cour internationale de Justice qui ont recouru aux modalités de télétravail pour poursuivre l'accomplissement de leur mandat respectif pendant la pandémie. Il est aussi à faire remarquer d'autres organes de l'ONU comme le Conseil économique et social [160]ont adopté des méthodes de travail exceptionnelles pour assurer la continuité de leur fonctionnement face aux problèmes posés par la pandémie. Par ailleurs, les organisations n'ont pas seulement adapté leurs méthodes de travail aux circonstances sans précédent provoquées par les pandémies, elles ont également déployé des réponses substantielles pour faire face aux problèmes de fond qu'elles peuvent générer. Alors, il importe de se pencher sur la façon dont les organisations internationales ont adopté leurs actions normatives et opérationnelles dans le cadre de la lutte contre les pandémies.

[160]La lettre par laquelle le président de l'Ecosoc a annoncé de nouvelles méthodes de travail est disponible sur le lien suivant : https://www.un.org/ecosoc/sites/www.un.org.ecosoc/files/files/en/2020doc/ECOSOC_and_the_CORONAVIRUS_OUTBREAK-19_March.pdf

Chapitre II : L'adaptation des actions normatives et opérationnelles des organisations internationales

Limitées aux intérêts communs dont elles ont pour mission de promouvoir, les compétences des organisations internationales sont diverses et varient en fonction des dispositions de leur acte constitutif. Si l'on fait abstraction de leurs compétences de contrôle et de sanction, il y a lieu de distinguer deux grandes catégories de compétences des organisations internationales : les compétences normatives d'une part et les compétences opérationnelles d'autre part[161].

Les compétences normatives sont envisagées comme le fait pour des organisations d'être habilitées par leur traité constitutif à adopter des actes normatifs qui leur sont directement imputables. Ces « actes unilatéraux de règlementation internationale »[162], qui correspondent à la fonction de régulation juridique reconnue aux organisations internationales[163], se partagent en actes autonormateurs et en actes hétéronormateurs. Si les premiers renvoient à un pouvoir d'autorégulation et recouvrent l'ensemble des actes

[161] Pierre-Mary DUPUY et Yann KERBRAT, *Droit international public, op.cit.,* p.213

[162] Pierre-Mary DUPUY et Yann KERBRAT, *Droit international public, op.cit.,* p. 214

[163] Gérard CAHIN, « La variété des fonctions imparties aux organisations internationales », *op.cit.* p.683

émanant des organisations régissant son fonctionnement interne, les seconds traduisent l'existence d'un pouvoir réglementaire permettant à l'organisation d'orienter sinon d'harmoniser les politiques et les comportements des États membres[164].

En ce qui concerne les compétences opérationnelles, elles varient en fonction de l'objet et des buts des organisations internationales et sont négativement appréhendées comme « les pouvoirs d'action des institutions internationales autre que l'édiction des normes »[165]. Elles consistent en « la matérialisation d'actes matériels accomplis directement sur le terrain et dépourvus de tout effet de droit »[166].

Si le droit international, instrument d'encadrement et de gestion de la société internationale, « doit permettre de trouver des solutions adaptées aux [problèmes] qui y surgissent »[167], ses sujets primaires et secondaires se doivent de se montrer sensibles à la nécessité d'ajuster leurs actions aux besoins évolutifs du monde contemporain tout en respectant les limites que leur impose le principe de spécialité. En cela et par rapport notamment aux pandémies, les organisations internationales sont appelées à adapter leur réponse. Les actes normatifs adoptés respectivement par l'OMS (section I) et par l'ONU (section II) sont

---

[164]Michel VIRALLY, *Le droit international en devenir : Essais écrits au fil des ans. op.cit.,* p.221.

[165] Pierre-Mary DUPUY et Yann KERBRAT, *Droit international public,* op.cit p. 218

[166] Pierre-François LAVAL, « Les activités opérationnelles, du Conseil à l'Administration du territoire », in *Traité de droit des organisations internationales* Evelyne LAGRANGE et Jean-Marc SOREL (dir.), Paris, LGDJ, Lextenso éditions, 2013, p. 769.

[167] Alain PELLET, *L'adaptation du droit international aux besoins changeants de la société internationale,* Recueil (tome 329) des cours de l'Académie de Droit International de la Haye, conférence inaugurale, 2007. 47.

susceptibles d'illustrer l'adaptation des actions normatives des organisations internationales dans la lutte contre les pandémies. De même, les activités opérationnelles déployées par l'ONU, l'OMS, la Banque mondiale et le FMI pour faire face à la pandémie de COVID-19 sont à même de mettre en relief les actions matérielles des organisations internationales en la matière (section III).

Section 1 : L'adaptation normative de l'OMS

Seule organisation internationale à objet uniquement sanitaire, l'OMS a notamment pour fonction « [d]'agir en tant qu'autorité directrice et coordonnatrice, dans le domaine de la santé, des travaux ayant un caractère international » et de « proposer des conventions, accords et règlements, faire des recommandations concernant les questions internationales de santé »[168]. Ainsi, en référence au principe de spécialité, les actions de l'OMS dans la lutte contre les pandémies ne peuvent se limiter qu'à la santé humaine, qui constitue son domaine d'activité. Ayant bénéficié au regard du droit des organisations internationales d'un pouvoir réglementaire exceptionnel[169], la compétence normative de l'OMS, qui est fondée sur les

[168] Article 2 alinéa a) et k) de la Constitution de l'OMS
[169] Michel BELANGER, *Le droit international de la santé*, Paris : Presses Universitaires de France. Collection. Que sais-je ?, 1997, p.20.

articles 19[170], 21[171] et 23[172] de sa Constitution, est attribuée à l'Assemblée mondiale de la Santé. L'adaptation de l'action normative de l'OMS à la lutte contre les pandémies se cristallise notamment par la révision du Règlement Sanitaire International (RSI) (§1) et par l'adoption du cadre de préparation en cas de grippe pandémique pour l'échange des virus grippaux et l'accès aux vaccins et autres avantages, communément appelé cadre PIP. (§2).

§1 : La révision du RSI en 2005

Expression sans ambigüité du pouvoir réglementaire exceptionnel de l'OMS, le RSI revêt d'une importance fondamentale dans la lutte internationale contre les pandémies. Adopté par la 58e Assemblée mondiale de la Santé le 23 mai 2005[173], le RSI révisé sera présenté dans sa portée et dans son contenu (A) avant que sa mise en œuvre ne soit abordée (B).

---

170 Selon cet article, l'Assemblée de la Santé a autorité pour adopter des conventions ou accords se rapportant à toute question entrant dans la compétence de l'Organisation.

171 Cet article dispose que l'Assemblée de la Santé aura autorité pour adopter les règlements concernant : a) telle mesure sanitaire et de quarantaine ou toute autre procédure destinée à empêcher la propagation des maladies d'un pays à l'autre.

172 L'Assemblée de la Santé a autorité pour faire des recommandations aux Etats Membres en ce qui concerne toute question entrant dans la compétence de l'organisation.

173 Assemblée mondiale de la santé, « Révision du Règlement sanitaire international », Résolution WHA58.3, 23 mai 2005.

A- La portée et le contenu du RSI

Le premier RSI était adopté par l'Assemblée mondiale de la Santé en 1951 et couvrait à l'origine six « maladies quarantenaires ». Révisé en 1969, il avait été l'objet des amendements en 1973 et 1981 dans le but, d'une part, de ramener le nombre de maladies couvert de six à trois et de marquer, d'autre part, l'éradication mondiale de la variole. En 2005, le RSI de 1969 était à son tour modifié pour mieux prendre en compte les nouveaux enjeux de la lutte internationale des maladies infectieuses caractérisés notamment par l'intensification du développement du transport et des échanges internationaux et par l'apparition des défis sanitaires inhabituels au niveau mondial. Ayant vocation à « prévenir la propagation internationale des maladies, à s'en protéger, à la maîtriser et à y réagir par une action de santé publique proportionnée et limitée aux risques qu'elle présente pour la santé publique, en évitant de créer des entraves inutiles au trafic et au commerce internationaux »[174], ce Règlement, qui n'est pas limité à une maladie ou à un mode de transmission donné, lie tous les 194 membres de l'OMS et s'applique également à des États non-membres. Non seulement son adoption a été, conformément à l'article 22 de la Constitution de l'OMS, soumise à la technique dite de *l'opting out*[175] ou de la ratification négative[176], la possibilité de refuser le Règlement consacrée par son article 61 n'a pas été

[174] Article 2 du Règlement sanitaire international (RSI) révisé.

[175] Michel POULAIN, « Le règlement sanitaire international de l'OMS », in *Traité de droit des organisations internationales* Evelyne LAGRANGE et Jean-Marc SOREL (dir.), Paris, LGDJ, Lextenso éditions, 2013, p. 761

[176] Michel BELANGER, *Le droit international de la santé*, *op.cit.*, p.20.

exercée[177]. Ce qui atteste de son universalité[178] et de son objectif de protéger l'ensemble de la population mondiale[179].

Cet acte héténormateur de l'OMS met à la charge des États parties un ensemble d'obligations en cas de l'occurrence sur leur territoire de tout évènement susceptible d'être qualifié d'urgence de santé publique de portée internationale. En premier lieu, les 196 États parties sont assujettis à l'obligation de développer des capacités essentielles minimales en santé publique. À cet égard, l'article 5 indique que les États parties doivent acquérir, renforcer et maintenir la capacité de détecter, d'évaluer, de notifier et de déclarer des évènements. Dans cette même veine, l'article 13 les oblige à acquérir, à renforcer et à maintenir, la capacité de réagir rapidement et efficacement en cas de risque pour la santé publique et d'urgence de santé publique de portée internationale. Alors que ces obligations doivent s'accomplir sur une période de cinq ans après l'entrée en vigueur du Règlement, l'annexe 1, qui définit les principales capacités requises pour la surveillance, impose un délai de 2 ans à tout État partie pour procéder à une évaluation de « la capacité des structures et ressources nationales existantes ». Il est à souligner que les États parties peuvent bénéficier d'un délai supplémentaire de deux ans et, si des circonstances exceptionnelles l'exigent, d'un autre délai de deux ans pour la réalisation des capacités essentielles minimales fixées dans le Règlement. Par ailleurs et s'agissant des points d'entrée, les articles 20 et 21 du RSI en vigueur mettent à la charge des États parties

---

[177] Michel POULAIN, « Le règlement sanitaire international de l'OMS », *op.cit.*, 762.

[178] Hélène DE POOTER, *Le droit international de la santé face aux pandémies : vers un système de sécurité collective sanitaire collective ?,* Paris, éditions A. Pedone, 2015, p.50.

[179] Article 3 alinéa 3 du RSI révisé.

l'obligation de désigner les aéroports, les ports et les postes-frontières devant acquérir et maintenir les capacités prévues à l'annexe 1 B. En second lieu, les États parties ont l'obligation de notifier à l'OMS les évènements susceptibles de constituer une urgence de santé publique de portée internationale conformément aux critères définis. En effet, cette notification est subordonnée à l'obligation pour tout État partie de mettre en place ou de désigner un « point focal national RSI » et à celle de pouvoir évaluer dans les 48 heures tous les évènements urgents qui sont signalés sur son territoire[180]. Si cette évaluation, qui doit se faire au moyen d'un instrument de décision détaillé à l'annexe 2 du RSI, permet de conclure que l'évènement en question est susceptible de constituer une urgence de santé publique de portée internationale, l'État partie, par l'entremise de son point focal national, a l'obligation de notifier aux « points de contact RSI à l'OMS » cet évènement ainsi que les mesures adoptées pour y faire face dans un délai de 24h suivant ladite évaluation[181]. Par ailleurs, il est utile de noter que l'OMS est habilitée à tenir compte de rapports émanant de sources autres que les notifications qui lui sont parvenues dans le cadre de la procédure susmentionnée.

Si le Règlement soumet les États parties à un ensemble d'obligations, il édifie également un système d'équilibre afin de protéger l'État concerné du déclenchement des réactions parfois injustifiées pouvant paralyser son économie ou de nuire plus largement au trafic et au commerce international. Tout d'abord, le Règlement définit un « régime de collaboration ou de consultation » entre l'OMS et l'État sur le territoire duquel un évènement sanitaire est censé se produire en définissant l'obligation pour l'organisation de vérifier les informations qui lui sont transmises par d'autres sources autres que les notifications

---

[180] Annexe 1A, point 6a) du RSI révisé.
[181] Article 6 du RSI révisé.

étatiques et de les communiquer à l'État concerné aux fins de les soumettre aux procédures de vérification définies à l'article 10 du Règlement. Ensuite, avant de communiquer les informations sanitaires concernant les évènements survenus sur le territoire d'un État aux autres États parties et aux organisations internationales ou de les rendre publiques, l'OMS est soumise à l'obligation de vérifier que l'évènement constitue effectivement une urgence de santé publique de portée internationale. C'est dans cette perspective que l'article 12 subordonne la détermination de l'existence d'un tel évènement au respect d'un ensemble de conditions et de facteurs [182]. Et c'est également dans l'optique de tenter d'harmoniser les comportements des États au terme de l'établissement de l'existence d'une telle urgence que le Règlement actuellement en vigueur autorise la formulation et la publication par l'OMS des recommandations pouvant être appliquées par les États parties lorsqu'ils adoptent des mesures sanitaires concernant les personnes, les bagages, les cargaisons, les conteneurs, les moyens de transport, les marchandises et/ou colis postaux pour prévenir ou réduire la propagation internationale de maladies et éviter toute entrave inutile au trafic international.[183]

En outre, tout en rappelant que les États ont le droit souverain de légiférer et de promulguer la législation en vue de la mise en œuvre de leurs politiques en matière de santé, le Règlement les invite à favoriser les buts qu'il se propose de poursuivre[184]. Ainsi, après avoir défini les mesures de santé publique que les États parties sont susceptibles d'adopter pour faire face aux urgences publiques de santé

---

[182] Ces conditions et facteurs sont définis dans l'article 12, 48 et 49 du RSI révisé.

[183] Article 15 et 16 du RSI.

[184] Article 3 alinéa 3.

publique de portée internationale[185], le Règlement leur reconnaît le droit d'adopter des mesures sanitaires supplémentaires conformes à leur législation nationale et aux engagements internationaux mais présentant un niveau de protection supérieur aux recommandations de l'OMS et qui seraient interdites par certaines dispositions du RSI[186]. Néanmoins, ces mesures ne doivent pas être plus restrictives pour le trafic international et doivent être justifiées par des raisons de santé publique et des informations scientifiques. L'application de telles mesures est encadrée par l'obligation qui est faite à tout État partie d'informer l'OMS qui peut lui demander de réexaminer l'opportunité de les appliquer[187]. Leur mise en œuvre est susceptible de donner lieu à des consultations entre les États parties.

Par ailleurs, en définissant un régime de coopération et d'assistance entre l'OMS et les États parties et entre ces derniers[188], le RSI actuellement en vigueur aménage un cadre juridique fondamental pour la lutte contre la propagation internationale des maladies infectieuses. Entrée en vigueur 24 mois après son adoption, soit en 2007, il reste à savoir si la mise en œuvre de cet instrument international contraignant n'a pas soulevé des difficultés dans le cadre de la lutte contre les pandémies et ne devrait pas d'être modifié pour s'adapter aux nouveaux paramètres et défis liés à l'apparition de nouvelles pandémies.

[185] Article 23 à 41.

[186] L'article 43 b) reconnait que des mesures sanitaires supplémentaires peuvent être adoptées en dépit du fait qu'elles soient interdites par l'article 25, l'article 26, les §1 et 2 de l'article 28, l'article 30, §1.c) de l'article 31 et l'article 33 du Règlement.

[187] RSI, Article 43, §2.

[188] Article 44 du RSI.

B- Considérations relatives à la mise en œuvre du RSI

Bien qu'elle ait fait l'objet d'une application anticipée lors de l'épidémie du SRAS[189], les dispositions du RSI sont formellement entrées en vigueur en 2007. Si l'objectif ici n'est pas de faire des considérations sur tous les aspects de la mise en œuvre dudit Règlement, le propos est d'analyser le respect par les États parties de certaines de leurs obligations au cours des pandémies et notamment à l'occasion de la pandémie de la COVID-19.

En ce qui concerne l'obligation pour les États parties de développer des capacités essentielles minimales en santé publique, le Rapport annuel du Directeur général de l'OMS sur l'application du RSI du 12 mai 2020 indique que des « progrès ont été accomplis concernant les 13 principales capacités requises au titre du RSI et que la quasi-totalité des États parties ont des résultats plus satisfaisants pour les capacités essentielles telles que la surveillance, les capacités de laboratoire, la coordination et les fonctions des points focaux nationaux RSI »[190]. Toutefois, le rapport souligne que de nouveaux efforts durables s'imposent concernant les évènements chimiques, les capacités aux points d'entrée et les situations d'urgence radiologique. Ces progrès sont connus parce que les États se sont soumis au respect de l'article 54 du RSI qui leur impose de préparer et de soumettre des rapports sur l'application du Règlement. Les États parties utilisent un outil d'auto-évaluation pour la préparation de leur rapport annuel appelé « outil d'autoévaluation pour l'établissement de rapports annuels par les États parties » (SPAR), qui se compose de 24

[189] Michel POULAIN, « Le règlement sanitaire international de l'OMS » *op.cit.,* 764.

[190] « Rapport annuel sur l'application du Règlement sanitaire international (2005). Rapport du Directeur général », A/73/14, 12 mai 2020, p.3. Disponible sur le lien suivant : https://apps.who.int/gb/ebwha/pdf_files/WHA73/A73_14-fr.pdf

indicateurs pour les 13 capacités requises par le Règlement[191]. Ainsi, selon l'OMS, 191 États parties avaient présenté des rapports en 2018 tandis que pour 2019, au 20 avril 2020, 166 États parties (84 %) avaient fait rapport à l'OMS, dont 113 en ligne[192]. De plus, entre février 2016 et février 2020, 112 États parties au total avaient réalisé une évaluation externe conjointe volontaire [193], ce type d'évaluation garantissant plus d'objectivité, de profondeur et de transparence dans l'analyse des principales capacités d'un pays[194]. Par ailleurs, un nombre important d'États parties accusent des lacunes significatives dans l'exécution de leur obligation de développer des capacités essentielles minimales en santé publique. Cela est dû essentiellement au fait que ces États sont dépourvus des moyens économiques pour consacrer des investissements importants dans les infrastructures sanitaires et, par conséquent, de s'acquitter de cette obligation si fondamentale pour la préparation mondiale dans le cadre de la lutte relative à la propagation internationale des maladies.

Au sujet des obligations de notification que le Règlement fait peser sur les États parties, les délais ne sont pas toujours respectés et « des retards notables subsistent » dans la communication des informations concernant les événements à l'OMS. D'ailleurs, même à propos de la COVID-19, il y a des interrogations qui se soulèvent quant au respect par la Chine de cette obligation car cet État semble avoir mis environ trois semaines avant de confirmer

---

[191] Des détails supplémentaires sont disponibles sur ce lien https://extranet.who.int/e-spar

[192] « Rapport annuel sur l'application du Règlement sanitaire international (2005). Rapport du Directeur général », *op.cit.*, p. 3

[193] « Rapport annuel sur l'application du Règlement sanitaire international (2005). Rapport du Directeur général », *op.cit.*, p. 4.

[194] « Rapport de l'Équipe spéciale pour les crises sanitaires mondiales », A/72/113, juin 2017, p. 4, §11.

la transmission interhumaine de l'agent pathogène[195]. Si l'article 56 du Règlement décrit les modes de règlements des différends entre les États concernant son interprétation et son application, aucun différend concernant le non-respect des obligations de notification par un État partie n'est encore émergé. En réalité, ce qui paraît dissuader les États de notifier de manière régulière les évènements qui se produisent sur leur territoire à l'OMS, c'est la peur de subir de lourdes conséquences économiques consécutives aux restrictions parfois injustifiées imposées par des pays dans les secteurs sensibles du tourisme, du commerce et du trafic internationaux[196].

S'agissant des obligations de notification des mesures sanitaires supplémentaires adoptées par les États selon les dispositions de l'article 43 du Règlement, il semble que certains progrès ont été accomplis au cours de ces dernières années. En effet, en ce qui concerne la pandémie de COVID-19, jusqu'au 28 mars 2020, 136 États parties avaient informé l'OMS de l'application de mesures sanitaires supplémentaires entravant de manière importante le trafic international, et fourni les raisons de santé publique qui les justifiaient[197]. Toutefois, si ces progrès sont porteurs d'espoir, ils ne doivent pas masquer le fait que les États ont appliqué, dans le passé, des mesures supplémentaires sans aucune notification à l'OMS. En 2014, lors de la maladie à

---

[195] Pierre BENKIMOUN, Frédéric LEMAITRE et Marie BOURREAU, « Les liaisons dangereuses entre l'OMS et la Chine ont marqué la crise du coronavirus », Le Monde, 27 Avril 2020. Disponible sur le lien suivant https://www.lemonde.fr/international/article/2020/04/27/les-liaisons-dangereuses-entre-l-oms-et-la-chine-ont-marque-la-crise-du-coronavirus_6037929_3210.html et consulté le 15 mai 2020

[196] Hélène DE POOTER, « Aperçu de la coopération internationale en matière de surveillance et de riposte aux épidémies et aux pandémies », *in Santé et droit international*, *op.cit.*, 229.

[197] « Rapport annuel sur l'application du Règlement sanitaire international (2005). Rapport du Directeur général », *op.cit.*, pp.5-6.

virus Ebola, contrairement aux recommandations de l'OMS, des pays étrangers ont fermé leurs frontières ou imposé des restrictions aux voyages et plusieurs pays ont interdit à toute personne venant de pays touchés par cette épidémie d'entrer sur leur territoire[198]. Très peu d'États ont informé l'OMS de l'adoption des mesures sanitaires supplémentaires et peu ont réagi aux demandes de justification et de réexamen produites par l'organisation[199]. En revanche, il semble que la violation de l'article 43 du RSI n'a encore fait l'objet d'aucune plainte formelle auprès de l'OMS ou devant une instance juridictionnelle.

Au regard de tout ce qui précède, même si la mise en œuvre des normes du RSI accuse encore des lacunes, il y a lieu de soutenir que les États ont accompli des progrès non négligeables depuis sa révision en 2005 et que cet instrument juridique normalement contraignant reste « la pierre angulaire du système dont dispose la communauté internationale pour faire face aux crises sanitaires provoquées par les épidémies de maladies transmissibles » [200].Toutefois, il est à se demander si, une fois que la communauté internationale aura vaincu la pandémie de la COVID-19, le RSI ne devrait pas être à nouveau modifié pour tenir compte des enseignements de cette crise sanitaire mondiale et combler certaines lacunes. Expression de l'autorité normative de l'OMS, cet instrument réglementaire n'est pas le seul acte adopté par cette organisation dans le cadre de la lutte contre les

[198] « Protéger l'humanité contre les crises sanitaires futures. Rapport du Groupe de haut niveau sur l'action mondiale face aux crises sanitaires ». A/70/723, 9 février 2016, §46, p.34.

[199] « Report of the Review Committee on the Role of the International Health Regulations (2005) in the Ebola Outbreak and Response », A69/21,13 mai 2016, §68, p.32.

[200] « Protéger l'humanité contre les crises sanitaires futures. Rapport du Groupe de haut niveau sur l'action mondiale face aux crises sanitaires », *op.cit.*, p36. §58.

pandémies. Le cadre de préparation en cas de grippe pandémique pour l'échange des virus grippaux et l'accès aux vaccins et autres avantages est un autre instrument élaboré par l'OMS pour répondre aux défis pandémiques.

§2 : L'adoption du cadre de préparation en cas de grippe pandémique pour l'échange des virus grippaux et l'accès aux vaccins et autres avantages

Le 24 mai 2011, par la résolution WHA64.5 l'Assemblée mondiale de la Santé a adopté le cadre de préparation en cas de grippe pandémique : échange des virus grippaux et accès aux vaccins et autres avantages (dit cadre PIP). Par cet acte normatif, l'OMS entend garantir une meilleure accessibilité des vaccins et de permettre que les virus grippaux puissent être échangés en temps voulu.

Le préambule de la résolution d'adoption du « cadre de préparation en cas de grippe pandémique pour l'échange des virus grippaux et l'accès aux vaccins et autres avantages » précise que ledit cadre ainsi que ses annexes sont adoptés sous le fondement de l'article 23 de la Constitution de l'OMS. Or, ce dernier dispose que « l'Assemblée mondiale de la Santé a autorité pour faire des recommandations aux États membres en ce qui concerne toute question entrant dans la compétence de l'organisation ». Par conséquent, le cadre PIP est une « simple recommandation » [201] qui invite, exhorte ou propose les États à adopter un certain nombre de comportements dépourvus juridiquement de portée contraignante à leur égard.

---

[201]Hélène DE POOTER, *Le droit international de la santé face aux pandémies : vers un système de sécurité collective sanitaire collective ?,* Paris, éditions A. Pedone, 2015, p.126.

Ainsi, le contenu de cette recommandation ne présente pas un caractère obligatoire pour les États mais met en lumière les efforts de l'OMS pour adapter sa réponse normative aux défis posés par les pandémies. Tendant vers une application universelle pour protéger la population mondiale contre la propagation internationale des maladies[202], le cadre PIP a pour objectif « d'améliorer la préparation et la riposte en cas de grippe pandémique et de renforcer la protection contre la grippe pandémique en améliorant et en renforçant le système mondial de l'OMS de surveillance de la grippe et de riposte »[203]. Ayant pour but d'établir « un système juste, transparent, équitable, efficient et efficace » pour faciliter, sur un pied d'égalité, l'échange du virus H5N1 et d'autres virus grippaux susceptibles de donner lieu à une pandémie humaine et de favoriser l'accès aux vaccins et le partage des autres avantages[204], cette recommandation reconnaît, par ailleurs, le droit souverain des États sur leurs ressources biologiques et l'importance d'une action collective en vue d'atténuer les risques pour la santé publique[205].

Ne s'appliquant pas aux virus de la grippe saisonnière[206], le cadre pose l'ossature globale des échanges des virus en invitant les États à fournir « de façon rapide et systématique et dans les meilleurs délais », des échantillons cliniques humains, des isolements du virus humain H5N1 et d'autres virus grippaux de type sauvage susceptibles de donner lieu à une pandémie aux laboratoires de la grippe désignés par l'OMS pour la grippe ayant des responsabilités mondiales

[202] « Cadre de Préparation en cas de grippe pandémique : échange des virus grippaux et accès aux vaccins et autres avantages », Résolution WHA60.28, §1, alinéa 4.
[203] « Cadre PIP », § 2.
[204] *Ibidem*.
[205] « Cadre PIP », §1, alinéa 11.
[206] « Cadre PIP », § 3.

ou opérant au niveau national et régional[207]. Ce faisant, les États membres donnent leur consentement au transfert et à l'utilisation ultérieure de ces ressources que le cadre appréhende comme des « Matériels biologiques PIP »[208]. Cet instrument non contraignant n'exclut pas une collaboration bilatérale entre les États pour échanger leurs ressources biologiques pour autant que ces dernières soient fournies à titre prioritaire aux centres collaborateurs de l'OMS.

De plus, le cadre PIP pose également l'ossature globale du partage des avantages découlant de l'échange des virus. En effet, il invite les États à « contribuer à un système de partage des avantages pour la préparation en cas de grippe pandémique » et accorde notamment un degré de priorité élevé aux pays en développement n'ayant pas de capacité propre de production de matériel de diagnostic de la grippe, de vaccins et de produits pharmaceutiques antigrippaux[209]. Dans cette même veine, le cadre pose des prescriptions visant à susciter des collaborations interétatiques afin que les vaccins soient accessibles contre les virus et encourage les États « à envisager de faire des dons et des contributions en nature à l'OMS pour améliorer la préparation et la riposte mondiales en cas de grippe pandémique »[210].

Bien qu'il constitue un instrument juridique dépourvu de portée contraignante pour les membres de l'OMS, le cadre met à la charge de cette dernière un ensemble d'obligations. Non seulement le Directeur général est chargé de créer « un dispositif de traçabilité transparent au moyen d'un système électronique permettant de suivre en temps réel les mouvements des Matériels biologiques PIP » mais également la recommandation a confié à l'organisation tout

---

[207] « Cadre PIP », § 5.1.1
[208] « Cadre PIP », § 4.1
[209] « Cadre PIP », § 6.0.2, iii)
[210] « Cadre PIP », § 6.14.3.1

un ensemble de fonctions dans le cadre du système de partage des avantages des échanges des virus[211]. Par ailleurs, il est à souligner que ce cadre est complété par deux annexes. La première consiste en un Accord type sur le transfert de Matériels 1 (SMTA 1) entre deux laboratoires évoluant à l'intérieur du système mondial de surveillance de la grippe et de riposte (GISRS de l'OMS). La seconde consiste également en un Accord type sur le transfert de Matériels 2 (SMTA 2) entre les laboratoires qui se trouvent en dehors du système mondial OMS de surveillance de la grippe et de riposte (GISRS de l'OMS).

Le cadre PIP a connu son premier examen en 2016. L'objectif était de voir si le cadre PIP a atteint ses objectifs et s'il reste pertinent pour l'avenir. Dans son rapport[212], le Groupe d'examen a conclut que « le cadre PIP est un outil audacieux et novateur pour la préparation en cas de grippe pandémique, qu'il est bien appliqué, et que le principe du cadre qui consiste à placer l'échange des virus et le partage des avantages sur un pied d'égalité est toujours pertinent »[213]. Le rapport a souligné que depuis l'émergence de la souche H7N9 en 2013 certains pays ont réduit l'échange des virus grippaux susceptibles de donner lieu à une pandémie[214]. Par ailleurs, en ce qui concerne la pandémie de COVID-19, les données sur la pertinence du Cadre PIP ne sont pas encore disponibles. Toutefois, il est à souligner que les États se sont livrés à une véritable course aux vaccins pour faire face à la COVID-19 et à ses

[211]« Cadre PIP », de la § 6.1 à la §7.4.2

[212] « Examen du Cadre de préparation en cas de grippe pandémique. Rapport du Directeur général », A70/17, 10 avril 2017. Disponible sur le lien suivant : https://apps.who.int/gb/ebwha/pdf_files/WHA70/A70_17-fr.pdf

[213] « Examen du Cadre de préparation en cas de grippe pandémique. Rapport du Directeur général », *op.cit.*, p.13.

[214] « Examen du Cadre de préparation en cas de grippe pandémique. Rapport du Directeur général », *op.cit.*, p.14.

nombreux variants[215]. Si l'OMS a mis en garde contre « un nationalisme vaccinal » [216], l'ONU a préconisé l'intensification de la coopération internationale et des efforts multilatéraux pour ce qui concerne l'échange de données épidémiologiques et cliniques et le partage du matériel nécessaire pour la recherche-développement[217]. Si environ 8 vaccins ont été, jusqu'à nos jours, l'objet d'une autorisation d'utilisation[218] et qu'un dispositif mondial du nom de COVAX a été mis en place en 2020 par l'OMS, l'Alliance GAVI et la Coalition pour les innovations en matière de préparation aux épidémies (CEPI) pour garantir un accès rapide et équitable contre le virus de la COVID-19[219], il est à faire remarquer que le monde demeure confronté à une inégalité vaccinale criante[220] et qu'en mai

---

[215]Le Monde avec AFP, AP et Reuters, « Coronavirus dan le monde, la course aux vaccins continue », 20 août 2020, disponible sur le lien suivant, https://www.lemonde.fr/planete/article/2020/08/19/coronavirus-dans-le-monde-la-course-au-vaccin-continue-l-oms-met-en-garde-contre-le-nationalisme-vaccinal_6049348_3244.html, consulté le 22 août 2020.

[216] ONU Info, « Covid-19 : l'OMS appelle à éviter « le nationalisme vaccinal », 18 août 2020, disponible sur le lien suivant : https://news.un.org/fr/story/2020/08/1075162, consulté le consulté le 22 août 2020.

[217] ARES/74/307, « Une riposte unie face aux menaces sanitaires mondiales : lutter contre la COVID-19 », 11 septembre 2020, §1.

[218] OMS, communiqué de presse, « L'OMS accorde une autorisation d'utilisation d'urgence pour un huitième vaccin contre la COVID-19 », 3 novembre 2021, disponible sur le lien suivant : https://www.who.int/fr/news/item/03-11-2021-who-issues-emergency-use-listing-for-eighth-covid-19-vaccine et consulté le 02 décembre 2021.

[219] Les informations sur cette initiative sont disponibles sur le lien suivant : https://www.who.int/fr/initiatives/act-accelerator/covax.

[220] France Inter, « le système Covax ne parvient pas à enrayer l'inégalité vaccinale », 7 août 2021, disponible sur le lien suivant : https://www.franceinter.fr/monde/le-systeme-covax-ne-parvient-p as-a-enrayer-l-inegalite-vaccinale et consulté le 1er décembre 2021.

2021 plus de 75 % de tous les vaccins ont été administrés dans seulement 10 pays[221].

Fort de tout ce qui précède, il y a lieu de soutenir que l'OMS en tant qu'autorité directrice et coordonnatrice des questions sanitaires revêtant un caractère international a, conformément aux compétences qui lui sont attribuées par sa Constitution, adapté son cadre normatif pour faire face aux pandémies, qui sont des évènements sanitaires monstrueux. En procédant à la révision du RSI en 2005 et en adoptant le cadre PIP en 2011, l'OMS a renforcé et ajusté son cadre normatif pour mieux répondre aux défis générés par les pandémies de grippe.

Il est aussi à faire remarquer que, réunie en session extraordinaire du 29 novembre 2021 au 1er décembre 2021, l'Assemblée mondiale de l'OMS a établi un organe intergouvernemental chargé d'élaborer et de négocier un accord mondial sur la prévention, la préparation et la riposte face aux pandémies[222]. Ce processus conventionnel devra aboutir en 2024. Il est, par ailleurs, notable que d'autres organisations ont également adapté leur cadre normatif afin de surmonter les défis entraînés par les pandémies. Cela peut s'illustrer à travers l'exemple de l'ONU.

---

[221] Le Parisien, « « plus de 75 % des vaccins ont été administrés dans seulement 10 pays », déplore l'OMS », 24 mai 2021, disponible sur le lien suivant: https://www.leparisien.fr/societe/sante/plus-de-75-de-tous-les-vaccins-ont-ete-administres-dans-seulement-10-pays-deplore-loms-24-05-2021-AITHSTP6DZGNTGN2LHWXNI6T3Y.php, consulté le 1er décembre 2021.

[222] OMS, communiqué de presse: « L'Assemblée mondiale de la Santé convient d'entamer un processus visant à élaborer un accord mondial historique sur la prévention, la préparation et la riposte face aux pandémies », 1er décembre 2021, disponible sur le lien suivant : https://www.who.int/fr/news/item/01-12-2021-world-health-assembly-agrees-to-launch-process-to-develop-historic-global-accord-on-pandemic-prevention-preparedness-and-response

Section 2 : L'adaptation de l'action normative de l'ONU

Les impacts des pandémies ne se limitant pas aux conséquences strictement sanitaires, d'autres domaines et notamment les secteurs de la paix, du développement international et de la sécurité internationale sont concernés par les effets de ces évènements sanitaires de dimension internationale. Dès lors, il ne fait pas de doute que les pandémies sont de nature à susciter des réponses normatives de la part de l'ONU, qui selon la Charte de San Francisco, constitue un centre d'harmonisation des efforts internationaux pour notamment le maintien de la paix et de la sécurité internationales et pour la réalisation de la coopération internationale[223]. Ainsi, se fondant sur leurs attributions respectives, l'Assemblée générale (§1) et le Conseil de sécurité (§2) ont cadré leurs actions normatives aux besoins suscités par les pandémies.

§1 : Les actes normatifs de l'Assemblée générale de l'ONU portant sur les pandémies

Se fondant sur les fonctions et pouvoirs que lui reconnaît la Charte des Nations Unies (A), l'Assemblée générale des Nations Unies a adopté un ensemble d'actes normatifs pour surmonter les problèmes posés par les pandémies (B).

A- Les assises juridiques de la responsabilité de l'Assemblée générale en matière de santé publique

Bien que les résolutions de l'organe plénier de l'ONU en la matière ne mentionnent pas littéralement leur fondement normatif, le traité constitutif de l'ONU confère à cette

[223] Charte des Nations Unies, article 1er.

instance suprême une flopée de pouvoirs et de fonctions susceptibles de fournir les assises juridiques des actions normatives qu'elle a entreprises pour lutter contre les pandémies.

En premier lieu, la portée générale de l'article 10 de la Charte de l'ONU confère à l'Assemblée générale le pouvoir de discuter de toutes questions ou affaires pouvant rentrer dans le cadre dudit instrument et celui de formuler sur celles-ci des recommandations. Il est admis que ces pouvoirs et fonctions font de cet organe « une autorité normative »[224] bien que ses règles ne soient pas pourvues de caractère de contrainte[225]. Or, les pandémies peuvent créer des « situations » susceptibles d'aggraver notamment les problèmes internationaux d'ordre économique, social et humanitaire et par conséquent de constituer un défi pour le développement. Dès lors, en partant de l'idée que l'article 10 assure à l'Assemblée générale une « compétence générale d'action »[226] et qu'il lui confère un champ d'action normatif doté d'un caractère étendu d'un point de vue matériel[227], on peut soutenir que les pandémies font partie des questions pouvant donner lieu à des discussions et des recommandations de la part ladite Assemblée. Par conséquent, l'article 10 de la Charte serait susceptible de

---

224 V.J. DEHAUSSY : « Les actes unilatéraux et l'action normative des organisations internationales », cité par Stéphane DOUMBE-BILLE, *in La Charte des Nations Unies, Commentaire article par article, op.cit.*, p. 644

225 M. DIEZ DE VALESCO, *« Les organisations internationales »*, traduction française, Economica, coll. Droit international, 2002. Cité par, Stéphane DOUMBE-BILLE, « Fonctions et pouvoirs- Article 10 », *in La Charte des Nations Unies, Commentaire article par article, ibidem.*

226 Stéphane DOUMBE-BILLE, « Fonctions et pouvoirs- Article 10 », *Commentaire article par article, op.cit.*, p.643.

227 Stéphane DOUMBE-BILLE, « Fonctions et pouvoirs- Article 10 », *Commentaire article par article, op.cit.*, p.644.

constituer un fondement juridique aux activités normatives de l'Assemblée générale en matière de pandémies.

En deuxième lieu, l'article 13 reconnaît le pouvoir de l'Assemblée générale de formuler des recommandations en vue de développer la coopération internationale notamment dans le domaine de la santé publique. Cet article, qui traduit le fait que les rédacteurs de la Charte de l'ONU ont opté pour l'élargissement des domaines d'action de l'Assemblée générale[228], au mépris de la répartition qui s'est opérée entre l'ONU et les institutions spécialisées[229], habilite cet organe plénier d'entreprendre des activités juridiques intenses pour favoriser le développement de la coopération internationale dans les domaines envisagés. Or, les pandémies sont avant tout des évènements de dimension internationale ayant rapport à la santé publique. Ce sont également des questions sur lesquelles les États sont appelés nécessairement à coopérer. Ainsi, tout porte à établir que cet article pourrait fournir une assise juridique aux résolutions adoptées par l'Assemblée générale pour faire face aux pandémies.

En dernier lieu, on doit souligner l'approche extensive de la sécurité posée par l'article 55 de la Charte de l'ONU qui dispose en son alinéa b) que « [e] n vue de créer les conditions de stabilité et de bien-être nécessaires pour assurer entre les nations des relations pacifiques et amicales [...], les Nations Unies favoriseront la solution des problèmes internationaux dans les domaines économique, social, de la santé publique et autres problèmes connexes ». Cette disposition est à combiner à l'article 60 de la même Charte qui confie les fonctions indiquées à l'article 55 à l'Assemblée générale et sous son autorité, au Conseil

---

[228] Rostane MEHDI, « Article 13 Paragraphe 1 (b) », *in La Charte des Nations Unies, Commentaire article par article*, Jean Pierre COT, Alain PELLET et Mathias FORTEAU, 3e édition, Paris, Economica, 2005, p. 724.

[229] Rostane MEHDI, « Article 13 Paragraphe 1 (b) », *ibidem,* p. 726.

économique et social de l'ONU. Dès lors, si les pandémies sont des évènements majeurs causant d'abord des problèmes internationaux dans le secteur de la santé publique et pouvant menacer la sécurité internationale, il y a lieu de soutenir qu'elles sont à même de mobiliser les fonctions normatives de l'Assemblée générale quand on sait que cette dernière détient une responsabilité essentielle en matière de coopération internationale et une responsabilité subsidiaire dans le domaine de la paix et de sécurité internationales.

Cela précisé, l'Assemblée générale de l'ONU a adopté un ensemble d'actes normatifs afin de surmonter les défis internationaux posés par les pandémies.

B- Les actes normatifs de l'Assemblée générale pour faire face aux pandémies

Le pouvoir normatif de l'Assemblée générale se manifeste notamment par « cette institution générale du droit des organisations internationales »[230] que constituent les recommandations et également par des déclarations. Jusqu'à présent, l'exercice de ce pouvoir concerne notamment la pandémie de VIH/sida, le paludisme, la tuberculose, l'épidémie de maladie à Ebola et la pandémie de COVID-19.

Au sujet du VIH/sida, les actions normatives de l'Assemblée générale de l'ONU concernant cette pandémie remontent en 1987 par l'ouverture d'un cycle de résolutions sur le thème « action préventive et lutte contre le syndrome d'immunodéficience acquise (SIDA) ». Dans la résolution A/RES/42/8 du 26 octobre 1987, l'organe universel de l'ONU prie tous les gouvernements qui n'ont pas encore

[230]Michel VIRALLY, *Le droit international en devenir : Essais écrits au fil des ans. op.cit.*, p.156.

établi des programmes nationaux d'action préventive et de lutte conte le Sida conformes à la stratégie mondiale de l'OMS à le faire[231]. Ensuite, cette résolution appelle le Secrétaire général de concert avec le Directeur général de l'OMS à veiller à ce que les organismes des Nations Unies coordonnent leurs efforts pour lutter contre la pandémie du Sida[232]. Dans la même veine, l'Assemblée générale exhorte tous les organismes compétents du système onusien, y compris les institutions spécialisées, les organismes bilatéraux et multilatéraux et les organisations non gouvernementales et bénévoles, à soutenir la lutte contre le Sida, en conformité avec la stratégie mondiale[233]. Ce cycle ayant été clôturé en 1992[234], les résolutions de l'Assemblée générale de l'ONU concernant le SIDA ont pris la forme de « Déclarations » à partir de l'an 2000. C'est ainsi que l'organe plénier de l'ONU, après avoir organisé une session extraordinaire dédiée à la pandémie du SIDA[235], a adopté par la résolution A/RES/S-26/2 la Déclaration d'engagement sur le VIH/sida intitulée « À crise mondiale, action mondiale ». D'autres « Déclarations » ont suivi notamment celle de 2006[236] et 2011[237]. De plus, en 2016, l'Assemblée générale a adopté la résolution A/RES/70/266

---

[231] Assemblée générale « Action préventive et action contre le syndrome de l'immunodéficience acquise (SIDA), Résolution A/RES/42/8, 26 octobre 1987, § 3.

[232] A/RES/42/8, *op.cit.*, § 6

[233] A/RES/42/8, *op.cit.*, § 6.

[234] Hélène DE POOTER, *Le droit international de la santé face aux pandémies : vers un système de sécurité collective sanitaire collective ?, op.cit.,* p.196

[235] A/RES/54/283 « Examen du problème du virus de l'immunodéficience humaine et du syndrome d'immunodéficience acquise sous tous les aspects », 5 septembre 2000, §1.

[236] « Déclaration sur le VIH/sida », A/RES/60/262, 2 juin 2006, annexe, paragraphe 3.

[237] « Déclaration politique sur le VIH et le sida : intensifier nos efforts pour éliminer le VIH et le sida », A/RES/65/277, 10 juin 2011, annexe.

dans laquelle elle a appelé à accélérer la riposte pour lutter contre le VIH-sida et de parvenir à sa fin en 2030.

Pour ce qui concerne le paludisme et la tuberculose, ces maladies sont envisagées à travers un ensemble de résolutions que l'Assemblée générale de l'ONU a adoptées concernant « l'intensification du renforcement des capacités dans le secteur de la santé publique à travers le monde ». Ces résolutions, qui marquent la « généralisation de l'action de l'Assemblée générale à toutes les pandémies »[238], soulignent « les répercussions délétères » pour l'humanité du VIH/sida, de la tuberculose, du paludisme, et d'autres grandes maladies contagieuses et épidémies. Par ailleurs, le 11 septembre 2020, l'Assemblée générale a adopté la résolution A/RES/74/305 dans laquelle elle a demandé que « soit apporté un soutien accru à l'exécution des engagements pris et à la réalisation des objectifs fixés à l'échelon international en matière de lutte contre le paludisme »[239].

En ce qui a trait à la maladie à virus Ebola, l'Assemblée générale a adopté la résolution A/RES/69/1 dans laquelle l'organe universel de l'ONU a exprimé sa préoccupation face à la flambée de cette maladie pouvant remettre en cause les « avancées faites ces dernières années par les pays touchés sur la voie de la consolidation de la paix, du renforcement de la stabilité politique et de la reconstruction de l'infrastructure socioéconomique »[240]. Dans cette

---

[238] Hélène DE POOTER, *Le droit international de la santé face aux pandémies : vers un système de sécurité collective sanitaire collective ?, op.cit.,* p.198.

[239] A/RES/74/305, « Consolider les acquis et intensifier l'action menée pour lutter contre le paludisme et l'éliminer dans les pays en développement, particulièrement en Afrique, à l'horizon 2030 », 11 septembre 2020, §2.

[240] A/RES/69/1, « Mesures visant à endiguer et combattre l'épidémie à virus Ebola qui s'est déclarée récemment en Afrique de l'Ouest », 19 septembre 2014, paragraphe 3 du préambule.

résolution datée du 19 septembre 2014, l'Assemblée générale a demandé aux États membres, aux organes compétents de l'organisation et aux organismes des Nations Unies d'apporter leur plein appui à la Mission des Nations Unies pour l'action d'urgence contre Ebola (MINUANCE) qui a été créée par le Secrétaire général[241].

En ce qui concerne la pandémie de COVID-19, l'Assemblée générale des Nations Unies a adopté jusqu'à date[242] quatre résolutions qui sont dédiées spécialement à la lutte contre cette pandémie : d'abord la résolution A/RES/74/270 du 3 avril 2020, ensuite la résolution A/RES/74/274 du 21 avril 2020, en outre la résolution A/RES/74/306 du 11 septembre 2020 et enfin la résolution A/RES/74/307 du 11 septembre 2020. Dans la première résolution intitulée « Solidarité mondiale dans la lutte contre la maladie à coronavirus 2019 (COVID-19), l'Assemblée générale a demandé que « la coopération internationale soit renforcée en vue de contenir, d'atténuer et de vaincre la pandémie »[243] et a exhorté au système des Nations Unies, sous l'égide du Secrétaire général, de collaborer avec tous les acteurs concernés afin d'engager une action mondiale coordonnée face à la pandémie et à ses conséquences [244] . Dans la deuxième résolution intitulée « Coopération internationale visant à assurer l'accès mondial aux médicaments, aux vaccins et au matériel médical pour faire face à la COVID-19 », l'instance interétatique plénière de l'ONU a encouragé « les États membres à travailler en partenariat avec toutes les

---

[241] A/RES/69/1, « Mesures visant à endiguer et combattre l'épidémie à virus Ebola qui s'est déclarée récemment en Afrique de l'Ouest »,§3.
[242] Septembre 2020.
[243] A/RES/74/270 Assemblée Générale, « Solidarité mondiale dans la lutte contre la maladie à coronavirus 2019 (COVID-19) », § 5.
[244] A/RES/74/270, « Assemblée Générale, « Solidarité mondiale dans la lutte contre la maladie à coronavirus 2019 (COVID-19) », *op.cit.*, § 9.

parties prenantes concernées afin d'accroître le financement de la recherche-développement de vaccins et de médicaments, de tirer parti des technologies numériques et de renforcer la coopération scientifique internationale nécessaire pour lutter contre la COVID-19 »[245]. Dans la troisième résolution intitulée : « Action globale et coordonnée face à la pandémie de maladie à coronavirus (COVID-19) », l'Assemblée générale, tout en appelant au renforcement de la coopération et de la solidarité internationales, a réaffirmé le rôle de chef de file de l'Organisation mondiale de la Santé et le rôle fondamental du système des Nations Unies dans la mobilisation et la coordination de l'action mondiale menée contre la pandémie[246]. Dans sa dernière résolution intitulée :« Une riposte unie face aux menaces sanitaires mondiales : lutter contre la COVID-19 », l'instance plénière de l'ONU a préconisé l'intensification de la coopération internationale et des efforts multilatéraux pour faire face aux épidémies et a appelé à la collaboration entre le système des Nations Unies, les organisations régionales et internationales concernées et les institutions financières dans la réponse à apporter aux répercussions multisectorielles de la pandémie[247].

Ces résolutions contribuent à illustrer les actions normatives entreprises par l'Assemblée générale de l'ONU pour adapter son arsenal normatif aux pandémies et pour poser le cadre de la réponse internationale à apporter aux problèmes internationaux divers et sans précédent posés par celles-ci. Par ailleurs, il est notable que le Conseil de

---

[245]A/RES/74/274, « Coopération internationale visant à assurer l'accès mondial aux médicaments, aux vaccins et au matériel médical pour faire face à la COVID-19 », §3.

[246] A/RES/74/306, « Action globale et coordonnée face à la pandémie de maladie à coronavirus (COVID-19) », 11 septembre 2020, § 1 et 2.

[247] A/RES/74/307, « Une riposte unie face aux menaces sanitaires mondiales : lutter contre la COVID-19 », 11 septembre 2020, § 1 et 2.

sécurité a également adopté des résolutions pour faire face aux pandémies.

§2 : L'insertion des pandémies dans l'agenda normatif du Conseil de sécurité

Les résolutions adoptées par le Conseil de sécurité de l'ONU dans le domaine des pandémies (B) participent d'une dynamique d'élargissement des situations pouvant menacer la paix et la sécurité internationales (A).

A- L'élargissement des situations pouvant menacer la paix et la sécurité internationales

Doté de la responsabilité principale de maintenir la paix et la sécurité internationales[248] et, en conséquence, chargé d'assurer un « certain ordre social international »[249], le Conseil de sécurité est habilité à constater l'existence d'une menace contre la paix, d'une rupture de la paix ou d'un acte d'agression et à faire des recommandations ou peut décider quelles mesures seront prises conformément aux articles 41 et 42 pour maintenir ou rétablir la paix et la sécurité internationales[250]. Si l'article 39 distingue trois « situations » pouvant déclencher le « pouvoir de qualification » du Conseil, il est notable que cette « disposition constitutionnelle » ne définit pas elle-même le

---

248 Charte des Nations Unies, art.24.

249 Pr.Pierre D'ARGENT et *al.* « Chapitre VII. Action en cas de menace contre la paix, de rupture de la paix et d'acte d'agression. Article 39 », *in La Charte des Nations Unies, Commentaire article par article*, Jean Pierre COT, Alain PELLET et Mathias FORTEAU, 3e édition, Paris, Economica, 2005, p.1165.

250 Charte des Nations Unies, art.39.

contenu de ces notions et donne à penser que cet organe interétatique restreint de l'ONU, pièce maîtresse du mécanisme de la sécurité collective envisagé par la Charte de San Francisco, jouit d'un véritable pouvoir discrétionnaire pour cette opération de qualification[251] et bénéficie également d'une entière liberté d'appréciation dans la manière dont il qualifie la situation[252]. Ayant le mandat de rétablir la paix quand elle est rompue ou quand une agression s'est produite, le Conseil de sécurité est appelé à maintenir la paix quand cette dernière est menacée. Et c'est sur cette dernière situation que les considérations qui suivent seront focalisées.

Si le Conseil est compétent pour constater des situations constitutives de menaces contre la paix, il importe de préciser que cette dernière notion est l'objet d'une double conception. D'une part, elle s'entend de manière « négative » ou « sécuritaire » et correspond à l'absence de recours à la force armée dans les relations internationales[253]. D'autre part, elle est envisagée de manière « positive » ou « structurelle » et, dans le sillage des paragraphes 2-3 de l'article 1er et des articles 13 et 55 de la Charte, renvoie plus largement à « l'établissement des conditions propices au développement politique,

[251] Pr.Pierre D'ARGENT et *al.* « Chapitre VII. Action en cas de menace contre la paix, de rupture de la paix et d'acte d'agression. Article 39 », *in La Charte des Nations Unies, Commentaire article par article, op.cit.*, p. 1140

[252] Pr.Pierre D'ARGENT et *al.* « Chapitre VII. Action en cas de menace contre la paix, de rupture de la paix et d'acte d'agression. Article 39 », *in La Charte des Nations Unies, Commentaire article par article, op.cit.*, p.1141.

[253] Pr.Pierre D'ARGENT et *al.* « Chapitre VII. Action en cas de menace contre la paix, de rupture de la paix et d'acte d'agression. Article 39 », *op.cit.*, p.1145.

économique et social des États »[254]. Ainsi, en tant que « organe du maintien de l'ordre international »[255], le Conseil est aussi appelé à élargir l'éventail des menaces pouvant atteindre à cet ordre international de paix d'autant que la notion de « menace contre la paix » peut revêtir une dimension « fourre-tout » sinon englobante.

Conscient que cet ordre international de paix ne se limite pas uniquement à l'absence de conflit armé international, le Conseil a dessiné les contours de l'élargissement des situations pouvant menacer la paix et la sécurité internationales quand, réuni au niveau des chefs d'État et de gouvernement en 1992, il a déclaré que « la paix et la sécurité internationales ne découlent pas seulement de l'absence de guerre et de conflits armés. D'autres menaces de nature non militaire à la paix et à la sécurité internationales trouvent leur source dans l'instabilité qui existe dans les domaines économique, social, humanitaire ou écologique »[256]. Cette considération extensive des « menaces contre la paix » est relayée par le Secrétaire général des Nations Unies quand il a soutenu que les nouvelles menaces trouvent tout autant leur source dans les conflits internes et des problèmes économiques et sociaux, que dans les conflits interétatiques[257]. Dans cette même

---

[254] Pr.Pierre D'ARGENT et al. « Chapitre VII. Action en cas de menace contre la paix, de rupture de la paix et d'acte d'agression. Article 39 », op.cit. p.1146.

[255] Pierre Marie DUPUY, « Sécurité collective et organisation de la paix », *RGDIP*, 1993, p.623, cité par Pr.Pierre D'ARGENT et al. « Chapitre VII. Action en cas de menace contre la paix, de rupture de la paix et d'acte d'agression. Article 39 », *in La Charte des Nations Unies, Commentaire article par article*, Jean Pierre COT, Alain PELLET et Mathias FORTEAU, 3e édition, Paris, Economica, 2005, p. 1146.

[256] « Note du président du Conseil de sécurité », S/23500, 11 février 1992, disponible sur le lien suivant : https://undocs.org/fr/S/23500

[257] « Agenda pour la paix : Diplomatie préventive, rétablissement pour la paix et maintien de la paix », Rapport présenté par le Secrétaire

veine, ayant souligné dans son rapport que « tout évènement ou phénomène meurtrier ou qui compromet la survie et sape les fondements de l'État en tant qu'élément de base du système international constitue une menace contre la sécurité internationale »[258], le groupe de personnalités de haut niveau chargé d'évaluer les menaces qui pèsent sur la paix et la sécurité internationales a retenu notamment les maladies infectieuses parmi les menaces d'ordre économique et social faisant partie des six catégories de menaces pouvant guetter l'humanité pour les décennies à venir[259].

À propos de l'élargissement des situations pouvant menacer la paix et la sécurité internationales, la pratique du Conseil de sécurité révèle que les menaces contre la paix se sont étendues notamment aux situations suivantes : conflits internes, violations des droits de l'homme et du droit international humanitaire[260] ; droit des peuples à disposer

---

général en application de la déclaration adoptée par la Réunion au sommet du Conseil de sécurité le 31 janvier 1992. A/47/277, 17 juin 1992. Disponible sur le lien suivant : https://undocs.org/fr/A/47/277

[258] « Rapport du groupe de personnalités de haut niveau sur les défis, les menaces et les changements : Un monde plus sûr : notre affaire à tous », A/59/625, 2004, p.2

[259] « Rapport du groupe de personnalités de haut niveau sur les défis, les menaces et les changements : Un monde plus sûr : notre affaire à tous », *op.cit.*, p.12

[260] Cela pourrait s'illustrer entre autres par les résolutions 688 (1991) sur l'Irak, 794 (1992), 1425 (2002), 1587 (2005) sur la Somalie, 929 (1994) sur le Rwanda, 1306 (2000) sur la Sierra Léone, 1306 (2000) sur la République Démocratique du Congo, 1556 (2004) sur le Soudan.

d'eux-mêmes[261] ;coup d'État anti-démocratique[262] ; la prolifération des armes[263] et le terrorisme[264]. C'est dans le cadre de cet élargissement qu'il faudrait circonscrire les résolutions adoptées par le Conseil de sécurité pour faire face aux pandémies qui sont des phénomènes sanitaires meurtriers et déstabilisants susceptibles de paralyser le fonctionnement de cet élément de base du système international que constitue l'État et d'entraver son progrès socio-économique voire sa stabilité politique.

B- Les résolutions adoptées par le Conseil dans le domaine des pandémies

L'exercice du pouvoir normatif du Conseil de sécurité concerne jusqu'à présent trois pandémies. Il s'agit du VIH/sida, de la maladie à virus Ebola et de la pandémie de COVID-19.

Pour ce qui concerne la pandémie du VIH/sida, c'est par la résolution 1308 (2000) du 17 juillet 2000 que le Conseil de sécurité a, pour la première fois, abordé spécifiquement cette question. Dans cette résolution, qui intervient dans « un contexte indépendant et préexistant de menace à la

---

[261] On peut citer en exemple la Résolution A/RES/ES-10/14 du 12 décembre 2003 concernant les mesures illégales prises par Israël à Jérusalem-Est occupée et dans le reste du territoire palestinien occupé *et les Conséquences juridiques de l'édification d'un mur dans le territoire palestinien occupé*, Avis consultatif du 9 juillet 2004 de la CiJ.

[262] On peut citer en exemple les résolutions 862 (1993), 917 (1994), 940 (1994), 1132 (1997) du Conseil de sécurité.

[263] Le cas des résolutions 687 (1991) et 1483 (2003) du Conseil de sécurité sur l'Irak.

[264] Cela s'illustre notamment par la résolution 1373 adoptée par le Conseil de sécurité en 2001.

paix et à la sécurité internationales »[265], le Conseil de sécurité, après avoir rappelé sa responsabilité principale pour le maintien de la paix et de la sécurité internationales mais avoir considéré la pandémie comme une menace contre la paix, prie le Secrétaire général de prendre de nouvelles mesures pour former le personnel des opérations de maintien de la paix aux questions ayant rapport avec la prévention de la propagation du VIH/sida et de continuer d'encourager la formation de l'ensemble du personnel des opérations de maintien de la paix avant son déploiement comme sur le terrain[266]. S'adressant aux États membres dans le cadre de la portée externe de la résolution, le Conseil les a encouragés à « intensifier la coopération internationale entre leurs organismes nationaux concernés afin de faciliter l'adoption et la mise en œuvre de politiques de prévention du VIH/sida, de dépistage et des conseils volontaires et confidentiels, et de traitement du personnel devant participer aux opérations internationales de maintien de la paix »[267]. Pour poursuivre son adaptation normative face à ce phénomène déstabilisant que constitue la pandémie du VIH/sida, le Conseil a adopté d'autres résolutions [268] notamment celle 1983 (2011) dans laquelle cet organe restreint de l'ONU a particulièrement prié le Secrétaire général de « veiller à mettre en œuvre des programmes de prévention du VIH/sida et de sensibilisation en la matière à

---

[265]Hélène DE POOTER, *Le droit international de la santé face aux pandémies : vers un système de sécurité collective sanitaire collective ?, op.cit.*, p.175.

[266] S/RES/1308 (2000), « Responsabilité et maintien de la paix et de la sécurité internationale incombant au Conseil de Sécurité : le VIH/sida et les opérations internationales de maintien de la paix » 17 juillet 2000, § 3.

[267] S/RES/1308 (2000), *op.cit.*, §4.

[268] Notamment les résolutions S/RES/1325 (2000) ; S/RES/1894 (2009).

l'intention des missions des Nations Unies »[269] et de « poursuivre en la renforçant l'action qu'il mène en vue d'appliquer la politique de tolérance zéro de toutes formes d'exploitation ou d'atteinte sexuelles dans les missions des Nations Unies »[270].

Au sujet de la maladie à virus Ebola, le Conseil de sécurité a adopté la résolution 2144 (2014) pour surmonter les conséquences sans précédent qu'elle a entrainées pour les pays concernés. Après avoir rappelé que « c'est à lui que revient la responsabilité principale du maintien de la paix et de la sécurité internationales » et après avoir jugé que « l'ampleur extraordinaire de l'épidémie d'Ebola en Afrique constitue une menace pour la paix et la sécurité internationales », le Conseil de sécurité a prié le Secrétaire général d'élaborer un cadre de communication stratégique en faisant appel à toutes les ressources et installations du système des Nations Unies dans les pays touchés[271] et de contribuer à faire en sorte que toutes les entités compétentes du système des Nations Unies accélèrent leur intervention face à l'épidémie d'Ebola[272]. Dans cette résolution, qui considère qu'une « maladie transmissible peut-être une menace autonome pour la paix et la sécurité internationales »[273], le Conseil de sécurité a demandé aux États membres de lever les restrictions aux déplacements et aux frontières qu'ils ont imposées en raison de l'épidémie d'Ebola[274] et à se mobiliser sans tarder pour fournir

---

[269] S/RES/1983 (2011), « Maintien de la paix et de la sécurité internationales », § 8.

[270] S/RES/1983 (2011), *op.cit.*, § 9.

[271] S/RES/2177 (2014), « Paix et sécurité en Afrique », du 18 septembre 2014 § et 6.

[272] S/RES/2177 (2014), *op.cit*, § 3.

[273] Hélène DE POOTER, *Le droit international de la santé face aux pandémies : vers un système de sécurité collective sanitaire collective ? op.cit.*, p.179.

[274] S/RES/2177 (2014), *op.cit*, §4.

immédiatement aux pays touchés et à ceux qui leur prêtent assistance, des compétences techniques et des moyens médicaux supplémentaires[275]. Par ailleurs et dans cette même veine, le Conseil de sécurité a demandé aux compagnies aériennes et maritimes aux compagnies aériennes et maritimes de maintenir les liens de commerce et de transport avec les pays touchés et la région dans son ensemble[276].

Pour ce qui concerne la pandémie de COVID-19, le Conseil de sécurité, après plus de 3 mois de désaccord sur plusieurs projets de textes[277], a finalement adopté la résolution 2552 (2020) en date du 1er juillet 2020[278]. Si dans ses résolutions concernant la pandémie du VIH/sida et de l'épidémie du virus Ebola, le Conseil n'a fait que rappeler sa responsabilité principale pour le maintien de la paix et de la sécurité internationales sans évoquer directement la Charte de San Francisco, il a fait référence dans le préambule de la résolution 2552 aux buts et principes énoncés dans la Charte des Nations Unies ». Tout en évitant de mettre à contribution le verbe « constater » qui se trouve à l'article 39 de la Charte, le Conseil, après avoir rappelé qu'il a la responsabilité principale du maintien de la paix et de la sécurité internationales a jugé que « l'ampleur sans précédent de la pandémie de COVID-19 risque de menacer le maintien de la

---

[275] S/RES/2177 (2014), *op.cit.*, §8.
[276] S/RES/2177 (2014), ibid, § 4.
[277] France 24, « Covid-19: un nouveau projet de résolution au Conseil de sécurité de l'ONU », le 13 mai 2020, disponible sur le lien suivant : https://www.france24.com/fr/20200513-covid-19-un-nouveau-projet-de-r%C3%A9solution-au-conseil-de-s%C3%A9curit%C3%A9-de-l-onu ; Le temps, « Un nouveau projet de résolution au Conseil de sécurité », disponible sur le lien suivant : https://www.letemps.ch/monde/un-nouveau-projet-resolution-conseil-securite
lonu#:~:text=Epid%C3%A9mie&text=L'Allemagne%20et%20l'Estonie,bloqu%C3%A9%20par%20les%20Etats%2DUnis.
[278] S/RES/2532 (2020), 1er juillet 2020.

paix et de la sécurité internationales ». Alors que le Conseil avait considéré sans équivoque en 2014 que l'épidémie du virus Ebola était une menace « autonome » pour la paix et la sécurité internationales, la résolution du 1er juillet 2020 introduit un doute sur le fait de savoir si la COVID-19 constitue en elle-même et de manière autonome une menace contre la paix et la sécurité internationales. Il s'agit d'une formulation qui paraît confuse et qui conduit à s'interroger sur les critères à partir desquels un phénomène sanitaire est susceptible d'être considéré comme une menace contre la paix. Dans cette résolution, le Conseil semble voir dans la pandémie de COVID-19 une menace en devenir mais qui a le potentiel de l'être après avoir franchi un certain seuil. Alors que le Conseil a exprimé sa préoccupation face aux « conséquences dévastatrices de la pandémie de COVID-19 dans le monde entier, en particulier dans les pays ravagés par un conflit armé, sortant d'un conflit ou en proie à une crise humanitaire », l'organe chargé de maintenir la paix et la sécurité internationales, tout en reconnaissant la « discrétion illimitée » qui caractérise son pouvoir de qualification, ne semble pas avoir tiré toutes les conclusions relatives à son état des lieux quand il a refusé de qualifier directement ce phénomène dévastateur que constitue la COVID-19 comme une « menace contre la paix ».

Quant à la portée externe de la résolution 2552 (2020), le Conseil après avoir exigé « la cessation générale et immédiate des hostilités dans toutes les situations dont il est saisi »[279], ce qui dénote qu'il s'agit ici d'un ordre, a demandé « à toutes les parties à des conflits armés de prendre part immédiatement à une pause humanitaire durable pendant au moins 90 jours consécutifs »[280]. Par ailleurs, en ce qui concerne la facette interne de cette résolution, le Conseil a prié le Secrétaire général de contribuer à faire en sorte que

[279] S/RES/2532 (2020), *op.cit.*, § 1.
[280] S/RES/2532 (2020), *op.cit.*, § 2.

toutes les entités compétentes du système des Nations Unies, y compris les équipes de pays des Nations Unies, accélèrent leurs interventions face à la pandémie de COVID-19[281]. Le Secrétaire général est également invité à instruire aux opérations de maintien de la paix de fournir un appui aux autorités du pays hôte dans les efforts qu'elles déploient pour contenir la pandémie[282].

Au regard de ce qui précède et se fondant sur les compétences qui lui sont attribuées dans la Charte de San Francisco, l'ONU, à l'instar de l'OMS, a adapté son cadre normatif pour faire face aux pandémies. Aussi bien l'Assemblée générale que le Conseil de sécurité ont adopté des résolutions pour surmonter ces « phénomènes déstabilisants »[283] que constituent les pandémies et qui sont de nature à saper les efforts de l'ONU pour atteindre les buts qui lui sont fixés par la Charte de San Francisco. Par ailleurs, les organisations internationales ont également adapté leurs actions opérationnelles pour faire face aux pandémies.

Section 3 : L'adaptation des actions opérationnelles des organisations internationales face aux pandémies : Les exemples de l'ONU, de l'OMS et des organisations financières

Les pandémies sont des phénomènes réels et non de simples réalités abstraites. Elles provoquent des souffrances et engendrent des dégâts dans tous les compartiments de la vie des États. Dès lors, il serait pertinent de rendre compte de la façon dont les organisations, dans le cadre de leurs compétences opérationnelles, ont adapté leurs actions pour

281 S/RES/2532 (2020), *op.cit.*, § 4.
282 S/RES/2532 (2020), *op.cit.*, § 6.
283 Pr.Pierre D'ARGENT et *al.* « Article 39 », *in La Charte des Nations Unies, commentaire par article, op.cit,*. p.1164.

faire face aux pandémies. Le propos n'est pas de restituer les actions opératoires de toutes les organisations internationales dans le cadre de la lutte contre les pandémies. Il s'agit plutôt d'illustrer la façon dont les organisations internationales ont mobilisé et déployé leurs pouvoirs d'action autre que l'édiction des normes pour notamment aider les États membres à surmonter les défis posés par la pandémie de maladie à coronavirus. Dans cette perspective, il sera pris en compte sommairement les initiatives du Secrétaire général de l'ONU (§1), les activités opérationnelles de l'OMS pendant la COVID-19 (§2) et les actions opérationnelles de certaines organisations internationales à vocation financière (§3).

§1 : Les initiatives du Secrétaire général de l'ONU

Le Secrétaire général de l'ONU, le plus haut fonctionnaire de l'organisation, a déployé son « pouvoir d'initiative » pour aider les États membres à affronter les défis posés par la pandémie de la COVID-19 (A). Cet activisme renferme un certain nombre de significations (B).

A- Les actions du Secrétaire général de l'ONU dans le cadre de la COVID-19

Les actions du Secrétaire général de l'ONU dans le cadre de la COVID-19 sont multiples et se manifestent particulièrement par des déclarations, des initiatives politiques, la publication des notes de synthèse et la publication des rapports concernant la riposte mondiale du système des Nations Unies face à la pandémie.

Pour ce qui concerne les « déclarations », il s'agit généralement des points de presse et des discours dans lesquels le Secrétaire général mobilise son double « pouvoir de rassemblement et de plaidoyer »[284] pour attirer l'attention sur la nécessité d'une riposte mondiale face à la pandémie. S'il n'est pas pertinent dans le cadre du présent travail de faire état de toutes « les déclarations » produites par le Secrétaire général dans le contexte de la lutte contre la COVID-19, il y a lieu d'en signaler quelques-unes. En effet, le 19 mars 2020, le « chef de l'ONU » a appelé à affronter de manière coordonnée un « ennemi commun » et a souligné qu'il « s'agit avant tout d'une crise humaine qui nécessite de la solidarité »[285]. De plus, le 23 mars 2020, le Secrétaire général de l'ONU a lancé un appel à un « cessez-le-feu mondial immédiat » pour se focaliser sur la lutte contre la pandémie de COVID-19[286]. Cet appel a trouvé un large écho et a été approuvé par près de 180 États membres, plus de 20 mouvements armés et autres entités, diverses organisations régionales, des chefs religieux, des organisations non gouvernementales et plus de 800 organisations de la société civile[287].

Se fondant sur une approche transversale postulant que « la pandémie n'est pas qu'une crise sanitaire ; c'est aussi une crise économique, une crise humanitaire, une crise

---

[284] ONU, « Riposte globale du Système des Nations Unies face à la COVID-19 Sauver des vies, protéger les sociétés, reconstruire en mieux », Juin 2020 p.7, disponible sur le lien suivant : https://www.un.org/sites/un2.un.org/files/comprehensive_response_to_covid-19_french_.pdf, consulté le 30 août 2020.

[285] Loey FILIPE, « Face à une crise sans précédent, le chef de l'ONU appelle à affronter un ennemi commun », 19 mars 2020, disponible sur le lien suivant : https://news.un.org/fr/story/2020/03/1064482

[286] « Face à l'ennemi commun, la COVID-19, le Secrétaire général appelle à un cessez-le-feu mondial: « L'arrêt des combats. Partout. Tout de suite. », SG/SM/20018, 23 mars 2020. Disponible sur le lien suivant : https://www.un.org/press/fr/2020/sgsm20018.doc.htm

[287] ONU, « Riposte globale du Système des Nations Unies face à la COVID-19 Sauver des vies, protéger les sociétés, reconstruire en mieux », op.cit. p 6.

de sécurité, et une crise des droits humains »[288], le Secrétaire général a procédé au lancement d'un ensemble d'initiatives pour aider les pays membres à faire face aux crises nées des pandémies. Après avoir lancé le 25 mars 2020, le Plan de réponse humanitaire global COVID-19 [289] afin qu'une réponse urgente et coordonnée soit apportée aux États les plus fragiles du monde et de réduire l'impact de la pandémie sur ces 63 pays les plus vulnérables, le Secrétaire général a créé le « Fonds pour la riposte à la COVID-19 et le relèvement » [290] afin d'aider au rétablissement social et économique des pays à revenu faible ou intermédiaire. Par ailleurs, le 28 mai 2020, le Secrétaire général a convoqué près de 50 Chefs d'États et de gouvernements et des dirigeants d'institutions internationales et régionales à une manifestation de haut niveau sur le « financement du développement à l'ère de la COVID-19 et après ». Au cours de ce grand rassemblement, le Secrétaire général a appelé à « alléger la dette et à reconstruire sur des bases plus durables »[291].

De plus, la riposte opérationnelle du Secrétaire général consiste également en la publication des rapports afin d'établir le cadre de la réponse mondiale du système des

---

[288] ONU, « Riposte globale du Système des Nations Unies face à la COVID-19 Sauver des vies, protéger les sociétés, reconstruire en mieux », op.cit. p 1.

[289] UN, « GLOBAL HUMANITARIAN RESPONSE PLAN COVID-19 », disponible sur le lien suivant : https://www.unocha.org/sites/unocha/files/Global-Humanitarian-Response-Plan-COVID-19.pdf

[290] ONU, « Riposte globale du Système des Nations Unies face à la COVID-19 Sauver des vies, protéger les sociétés, reconstruire en mieux », op.cit. p 43.

[291] « Financement du développement et COVID-19: le Secrétaire général appelle à alléger la dette et à reconstruire sur des bases plus durables, en prévenant que l'inaction pourrait coûter très cher », SG/SM/20098, 28 mai 2020. Disponible sur le lien suivant : https://www.un.org/press/fr/2020/sgsm20098.doc.htm

Nations Unies face à la pandémie. À ce propos, en mars 2020, le Secrétaire a publié le rapport suivant : « Responsabilité partagée, solidarité globale : Répondre aux impacts socio-économiques de la COVID-19 » [292]. Ce document constitue un appel à l'action pour une réponse sanitaire immédiate afin de vaincre la pandémie et de s'attaquer aux nombreuses dimensions sociales et économiques de la crise qu'elle a provoquée. Ce plan souligne la nécessité d'une réponse multilatérale coordonnée et complète d'au moins 10 % du PIB mondial[293]. Le cadre de ce soutien socio-économique urgent est précisé dans un rapport que le Secrétaire général a publié en avril 2020 intitulé : « Le cadre des Nations Unies pour la réponse socio-économique à la COVID-19 »[294]. Également, le Secrétariat général de l'ONU a publié un ensemble de notes de synthèse afin de constituer une base de connaissances sur les divers impacts de la pandémie et en offrant des informations et des conseils pertinents[295].

Par ailleurs, la lutte contre des informations fausses et trompeuses diffusées sur la COVID-19 à partir de la sphère numérique, désignées sous le terme de « l'enfodémie », a été au cœur des actions opérationnelles déployées par le Secrétaire général de l'ONU. Pour le plus haut fonctionnaire de l'ONU, la pandémie de COVID-19 « n'est pas seulement

[292] « Shared Responsibility, Global Soldarity: Responding to the socio-economic impacts of Covid-19 », mars 2020. Disponible sur le lien suivant: https://unsdg.un.org/sites/default/files/2020-03/SG-Report-Socio-Economic-Impact-of-Covid19.pdf

[293] « Shared Responsibility, Global Soldarity: Responding to the socio-economic impacts of Covid-19 », op.cit p.1.

[294] ONU, « A UN framework for the immediate socio-economic response to COVID-19 », avril 2020. Disponible sur le lien suivant: https://www.un.org/sites/un2.un.org/files/un_framework_report_on_covid-19.pdf

[295] Ces notes de synthèses peuvent être consultées sur le lien suivant : https://www.un.org/fr/coronavirus/un-secretary-general

une urgence de santé publique, c'est aussi une urgence de communication »[296].

Somme toute, face à la COVID-19, le Secrétaire général de l'ONU s'est montré particulièrement actif. Et ce dynamisme, qui n'équivaut pas forcément aux initiatives du Secrétaire général lors de la crise provoquée par la maladie du virus Ebola illustrées notamment par la création de la Mission des Nations Unies pou l'action d'urgence contre Ebola[297], comporte un certain nombre de significations.

B- La signification des actions du Secrétaire général

L'activisme nécessaire et non excessif dont a fait montre le Secrétaire général de l'ONU à l'occasion de la pandémie de COVID-19 semble dépasser les fonctions administratives traditionnelles confiées au chef de l'organe administratif. Si certaines activités du Secrétaire général comme la publication des rapports ou des notes de synthèse font partie des fonctions administratives autonomes, si la mise en œuvre de la portée interne des résolutions du Conseil de sécurité ou de l'Assemblée générale font partie des fonctions administratives d'appui du Secrétariat, d'autres initiatives du Secrétaire général de l'ONU se dégagent de la « pure administration »[298] et revêtent un aspect bien particulier.

---

[296] ONU info, « l'ONU invite ses membres à lutter contre les informations fausses et trompeuses sur la COVID-19 », 23 septembre 2020, disponible sur le lien suivant : https://news.un.org/fr/story/2020/09/1078082

[297] « Lettres identiques datées du 17 septembre 2014, adressées au Président de l'Assemblée générale et au Président du Conseil de sécurité par le Secrétaire général », A/69/389 –S/2014/679, 18 septembre 2014.

[298] Frank LATTY, « L'organe administratif intégré de l'Organisation internationale », in *Traité de droit des organisations internationales*

S'agissant du « cessez-le-feu immédiat » proposé par le Secrétaire général de l'ONU et largement approuvé par les États membres, cette initiative mettrait en exergue une sorte de « fonction d'impulsion » exercée par le Secrétaire général dans un contexte singulier faisant de lui le « moteur de l'organisation universelle ». Si cette fonction pourrait être découlée d'une certaine interprétation téléologique de l'article 99[299] de la Charte de San Francisco, elle serait susceptible également et plus utilement d'être envisagée dans le cadre du but premier et fondateur de l'ONU consistant à maintenir la paix et la sécurité internationales. Cet appel au « cessez-le-feu » a permis au Secrétaire général non pas de se substituer au Conseil de sécurité, qui peinait à tenir des séances de travail virtuelles sur la pandémie de coronavirus mais de « prendre de l'ampleur » et d'exercer dans les circonstances exceptionnelles engendrées par la pandémie des pouvoirs politiques à partir d'une interprétation audacieuse de l'article 99 du ladite Charte[300]. Par ailleurs, cet appel au cessez-le-feu et son approbation par notamment les États parties donnent à considérer le chef administratif de l'ONU comme l'incarnation ou la personnification de l'organisation dans son ensemble[301].

Evelyne LAGRANGE et Jean-Marc SOREL (dir.), Paris, LGDJ, Lextenso éditions, 2013, p.515

[299] Cet article dispose que le Secrétaire général peut attirer l'attention du Conseil de sécurité sur toute affaire qui, à son avis, pourrait mettre en danger le maintien de la paix et de la sécurité internationales.

[300] J. Cardona LLORENS et M.J. Aznar GOMEZ, « Article 99 », in la Charte des Nations Unies 2005, p.2051), cité par Frank LATTY, « L'organe administratif intégré de l'Organisation internationale », op.cit 515.

[301] « Rénover l'Organisation des Nations Unies : un programme de réforme », Rapport du Secrétaire général A/151/950, §27, 14 juillet 1997.

Ce « pouvoir d'initiative »[302] du Secrétaire général qui est susceptible de l'ériger en un acteur politique s'est également manifesté lors de la première réunion de travail organisée par le Conseil de sécurité sur la pandémie le 9 avril 2020. Invité à y participer sous le fondement de l'article 22 du Règlement intérieur provisoire[303], le « chef de l'ONU » a exhorté le Conseil de sécurité à l'unité[304]. D'ailleurs, ce puissant organe interétatique, qui est principalement responsable du maintien de la paix et de la sécurité internationales, a mis plusieurs mois avant de se mettre d'accord sur une résolution portant sur la pandémie de la COVID-19. D'autre part, la participation du Secrétaire général à cette visioconférence donne à penser qu'il s'est octroyé un « pouvoir de qualification » de la situation en soutenant que « la pandémie constitue aussi une menace importante pour le maintien de la paix et de la sécurité internationales, avec le risque d'une accentuation des troubles sociaux et des violences qui nuiraient grandement à notre capacité à combattre la maladie »[305]. Sans vouloir s'ériger en un donneur de leçons, le plus haut fonctionnaire de l'ONU a tenté par cette déclaration de porter les États membres du Conseil à trouver un consensus sur une question qui constitue la raison d'être même de cet organe.

[302]Frank LATTY, « L'organe administratif intégré de l'Organisation internationale », op.cit 515.

[303] Cet article dispose que le Secrétaire général ou son adjoint agissant en son nom peut présenter des exposés oraux ou écrit au Conseil de sécurité sur toute question faisant l'examen du Conseil

[304] France 24, avec Reuters et AFP, « Coronavirus : Antonio Guterres exhorte le Conseil de sécurité de l'ONU à l'unité », 10 avril 2020. Disponible sur le lien suivant : https://www.france24.com/fr/20200410-coronavirus-antonio-guterres-exhorte-le-conseil-de-s%C3%A9curit%C3%A9-de-l-onu-%C3%A0-l-unit%C3%A9

[305] France 24, avec Reuters et AFP, « Coronavirus : Antonio Guterres exhorte le Conseil de sécurité de l'ONU à l'unité », op.cit.

Par ailleurs, si les déclarations du Secrétaire général dans les points de presse ou dans les réunions des foras informels comme le G20 lui permettent de personnifier l'ONU dans son entièreté et d'exercer parfois un « pouvoir de plaidoyer », la décision d'organiser le 28 mai 2020 une manifestation internationale réunissant notamment près de 50 chefs d'États et de gouvernements, les dirigeants du Fonds monétaire international, de la Banque mondiale, de l'Institut de la finance internationale et de l'Organisation de coopération pour le développement économique (OCDE), ainsi que les envoyés spéciaux des Nations Unies et de l'Union africaine sur le financement du développement à l'ère de la COVID-19 met en lumière le « pouvoir de convocation » du Secrétaire général. Cela met en évidence le fait que le Secrétaire général n'est plus seulement « le plus haut fonctionnaire de l'organisation », il devient aussi une autorité qui a le « pouvoir de rassembler » sous le couvert de son parapluie diplomatique.

Au-delà de ce que les réponses matérielles de l'ONU à travers le Secrétaire générale pourraient signifier, il n'en demeure qu'elles constituent des actions permettant à l'organisation d'adapter sa riposte opératoire aux défis posés par les pandémies. Il en est de même pour les activités opérationnelles de l'OMS.

§2 : Les activités opérationnelles de l'OMS pendant la COVID-19

Aborder la réponse opérationnelle de l'OMS pour faire face à la pandémie de la COVID-19 et à ses conséquences sanitaires, c'est évoquer l'ensemble des actions autres que normatives ou para-normatives déployées par cette organisation pour surmonter la pandémie. Cette entreprise étant gigantesque, il ne sera pris en compte que certaines des activités opérationnelles de l'OMS pendant la COVID-19.

Préliminairement, si l'on doit trouver un fondement normatif aux compétences opérationnelles de l'OMS, il est possible de convoquer l'article 2 d) de sa Constitution qui dispose que l'organisation, pour atteindre son but, est amenée à fournir l'assistance technique appropriée et, dans les cas d'urgence, l'aide nécessaire, à la requête des gouvernements ou sur leur acceptation. Ainsi, en plus de ses compétences éminemment normatives, il y a également une dimension opérationnelle qui est à souligner dans le cadre de sa mission. D'ailleurs, c'est dans cette veine que le Directeur général a déclaré le 19 mai 2020 que l'OMS a « expédié des kits de diagnostic, des équipements de protection personnelle, de l'oxygène et d'autres fournitures médicales à plus de 120 pays »[306] dans l'objectif de les aider à faire face à la COVID-19.

Pour répondre aux besoins immédiats en matière de santé publique posés par la pandémie, l'OMS a conçu et publié en février 2020 un Plan stratégique de préparation et de riposte[307]. Il s'agit d'un document qui définit les priorités de l'action sanitaire mondiale et décrit les mesures de santé publique que tous les pays doivent mettre en œuvre pour se préparer et réagir à la pandémie. Ce plan stratégique, mis à jour en avril 2020[308], poursuit notamment les objectifs prioritaires suivants : réduire la transmission interhumaine, identifier, isoler et soigner les personnes infectées à un stade précoce de la maladie, identifier et réduire la

[306] « Allocution du Tedros Adhanom Ghebreyesus, Directeur général », A73/3, 18 mai 2020.

[307] « 2019 Novel Coronavirus (2019-nCoV): STRATEGIC PREPAREDNESS AND RESPONSE PLAN », disponible sur le lien https://www.who.int/docs/default-source/coronaviruse/srp-04022020.pdf

[308] https://www.who.int/docs/default-source/coronaviruse/strategy-update-french.pdf?sfvrsn=b1cfe48a_2

transmission des animaux aux êtres humains, et de communiquer les informations essentielles sur les risques et l'évolution de la situation à tous les groupes de population et lutter contre la désinformation[309]. Outre les contributions volontaires des États membres et le « Fonds central pour les interventions d'urgence », ce plan est financé par le « Fonds de solidarité pour la riposte à la COVID-19 »[310] lancé par l'OMS en mars 2020 dans l'objectif de permettre aux entreprises, aux institutions et aux particuliers de faire des dons à l'OMS.

En outre, au cours des premières phases de la riposte mondiale à la pandémie de coronavirus, l'OMS a déployé des missions dans certains pays faisant face à des taux relativement élevés de transmission communautaire, comme l'Espagne, l'Italie et la République Islamique d'Iran et la Chine. Les missions étaient aussi chargées d'améliorer la compréhension relative à l'évolution de la pandémie de COVID-19 et de partager des connaissances sur les réponses et les mesures de préparation mises en œuvre par les pays concernés[311].

Par ailleurs, suite à la demande de l'Assemblée mondiale de la Santé priant l'OMS « d'identifier la source zoonotique du virus et de déterminer par quelle voie il s'[était] introduit dans la population humaine, y compris en examinant le rôle potentiel d'hôtes intermédiaires, moyennant notamment

---

[309] ONU, « Riposte globale du Système des Nations Unies face à la COVID-19 Sauver des vies, protéger les sociétés, reconstruire en mieux », op.cit. p 41.

[310] « Fonds de solidarité pour la riposte à la Covid 19 » https://www.who.int/fr/emergencies/diseases/novel-coronavirus-2019/donate

[311] « Report of the WHO-China Joint Mission on Coronavirus Disease 2019 (COVID-19) », 16-24 février 2020, publié le 28 février 2020. Disponible sur le lien suivant: https://www.who.int/docs/default-source/coronaviruse/who-china-joint-mission-on-covid-19-final-report.pdf

des missions scientifiques et des missions de collaboration sur le terrain »[312], l'organisation a déployé en juillet 2020 une équipe en Chine dans le but de préparer le lancement de l'enquête sur les origines du SARS-COV-2[313]. Une mission internationale conjointe, composée de 17 experts chinois et de 17 experts internationaux de 10 autres pays ainsi que de l'Organisation mondiale de la santé animale (OIE) et de l'OMS, a donc séjourné en Chine du 14 janvier au 10 février 2021. Dans le rapport qu'il a soumis au Directeur général de l'OMS le 29 mars 2021[314], cette équipe internationale d'experts a considéré la transmission du virus à l'homme par un animal intermédiaire comme une hypothèse très probable[315] et a écarté la thèse d'un accident de laboratoire chinois[316]. Les experts ont aussi recommandé

---

[312] Riposte à la COVID-19 », WHA73.1, 19 mai 2020, disponible sur le lien suivant : https://apps.who.int/gb/ebwha/pdf_files/WHA73/A73_R1-fr.pdf

[313] Le Figaro « Coronavirus: la mission de l'OMS en Chine a achevé le travail préparatoire pour son enquête sur l'origine du virus », 3 août 2020, disponible sur le lien suivant : https://www.lefigaro.fr/flash-actu/coronavirus-la-mission-de-l-oms-en-chine-a-acheve-le-travail-preparatoire-pour-son-enquete-sur-l-origine-du-virus-20200803, consulté le 2 septembre 2020.

[314]OMS, Communiqué de presse, « L'OMS demande des études et des données supplémentaires sur l'origine du virus SARS-CoV-2 et rappelle que toutes les hypothèses restent ouvertes », disponible sur le lien suivant : https://www.who.int/fr/news/item/30-03-2021-who-calls-for-further-studies-data-on-origin-of-sars-cov-2-virus-reiterates-that-all-hypotheses-remain-open

[315] L'Express, « Covid-19 : ce qu'il faut retenir des conclusions du rapport sur l'origine du virus », 29 mars 2021, disponible sur le lien suivant : https://www.lexpress.fr/actualite/societe/sante/covid-19-ce-qu-il-faut-retenir-des-conclusions-du-rapport-sur-l-origine-du-virus_2147775.html consulté le 1er décembre 2021.

[316] Yohan BLAVIGNAT, « Rapport de l'OMS sur les origines du Covid-19 : les dessous d'une enquête sous influence », l'Express, le 29 mars 2021, disponible sur le lien suivant: https://www.lexpress.fr/actualite/sciences/rapport-de-l-oms-sur-les-

de réaliser d'autres enquêtes sur une plus grande étendue géographique[317]. En réaction à la publication du rapport, le Directeur général de l'OMS a appelé à la conduite des études supplémentaires et a souligné que toutes les hypothèses doivent rester sur la table[318]. Dans le but de faire la lumière sur les origines de la COVID-19, l'OMS, par la voix de son Directeur général, a demandé en juillet 2021 que les laboratoires chinois situés dans les zones où les premiers cas de COVID-19 ont été répertoriés soient contrôlés.[319]

Au regard de ce qui précède, outre sa vocation normative, l'OMS est appelée à réaliser des actions opérationnelles dans le but de faire face aux problèmes posés par les pandémies en dépit du fait que cette institution ne dispose pas des moyens budgétaires suffisants pour accomplir son mandat. Cette riposte est appelée à s'adapter en fonction des besoins générés par les pandémies. Par ailleurs, d'autres organisations de nature essentiellement financière comme la Banque mondiale et le FMI ont adapté leurs réponses aux défis posés par les pandémies.

---

origines-du-covid-19-les-dessous-d-une-enquete-sous-influence_2147783.html et consulté le 1er décembre 2021.

317 L'Express, « Covid-19 : ce qu'il faut retenir des conclusions du rapport sur l'origine du virus », 29 mars 2021, ibidem.

318 OMS, Communiqué de presse, « L'OMS demande des études et des données supplémentaires sur l'origine du virus SARS-CoV-2 et rappelle que toutes les hypothèses restent ouvertes », disponible sur le lien suivant : https://www.who.int/fr/news/item/30-03-2021-who-calls-for-further-studies-data-on-origin-of-sars-cov-2-virus-reiterates-that-all-hypotheses-remain-open

319 France 24, « Enquête sur l'origine de Covid-19 : l'OMS demande le contrôle de laboratoires en chine », 16 juillet 2021, disponible sur le lien suivant : https://www.france24.com/fr/asie-pacifique/20210716-enqu%C3%AAte-sur-l-origine-du-covid-19-l-oms-demande-le-contr%C3%B4le-de-laboratoires-en-chine, consulté le 1er décembre 2021.

§3 : L'adaptation des actions opérationnelles des organisations financières

Pour aider leurs membres à surmonter les difficultés économiques et financières posées par la pandémie de la COVID-19, le groupe de la Banque Mondiale (A) et le Fonds Monétaire international (B), dans le cadre de leurs compétences éminemment opérationnelles, ont adopté un ensemble de mesures.

A- La réponse opérationnelle du groupe de la Banque mondiale

La Banque mondiale a notamment pour mission de lutter contre la pauvreté en apportant aux pays en voie de développement des aides et des financements[320]. La réponse opérationnelle de cette organisation à la COVID-19 est très diversifiée. Tout d'abord, le groupe de la Banque mondiale a apporté son soutien à 100 pays en développement dans le cadre de la riposte à la pandémie. En fait, il s'agit de 160 millions de dons et d'aides financières débloqués par l'institution sur une période de 15 mois afin de permettre aux pays récipiendaires de protéger les populations pauvres et vulnérables, de renforcer leurs systèmes de santé, de préserver l'activité du secteur privé et de stimuler le redressement économique [321] . Par ailleurs, la Société Financière Internationale dudit groupe a mobilisé 8 milliards de dollars pour soutenir les entreprises du secteur

[320]https://www.banquemondiale.org/fr/who-we-are

[321] « Le Groupe de la Banque mondiale soutient la riposte à la pandémie de COVID-19 (coronavirus) dans 100 pays », Communiqué de presse, 19 mai 2020, disponible sur le lien suivant : https://www.banquemondiale.org/fr/news/press-release/2020/05/19/world-bank-group-100-countries-get-support-in-response-to-covid-19-coronavirus

privé et les moyens de subsistance dans les pays en développement[322]. Dans cette même dynamique, l'Agence multilatérale de la garantie des investissements a débloqué 6,5 milliards de dollars en appui aux investisseurs et prêteurs privés[323].

En outre, les gouverneurs du groupe de la Banque mondiale ont approuvé un moratoire sur le service de la dette bilatérale. Une telle décision est de nature à permettre aux États éligibles à l'Association Internationale de Développement de récupérer des ressources pour surmonter les défis économiques et financiers posés par la COVID-19.

Par ailleurs, il est à noter que la pandémie de COVID-19 n'est pas la première catastrophe sanitaire ayant déclenché la riposte opérationnelle de la part du groupe de la Banque mondiale. En effet, en 2016, après avoir constaté les difficultés de la communauté internationale à mobiliser rapidement des fonds afin d'enrayer l'épidémie d'Ebola, la Banque mondiale a créé le « Mécanisme de financement d'urgence en cas de pandémie (PEF) » afin de mettre à la disposition des États en développement concernés et des organismes internationaux qualifiés une source de financements supplémentaires. Premier fonds d'urgence spécialement dédié aux épidémies et aux pandémies[324], ce mécanisme comprend deux « guichets » : un guichet

---

322« IFC Increases COVID-19 Support to $ 8 Billion to Sustain Private Sector Companies and Livelihoods in Developing Countries», https://ifcextapps.ifc.org/ifcext/pressroom/ifcpressroom.nsf/0/CCCB1EAC6F61E32C8525852E0068124B?OpenDocument

323 « Covid-19 : La MIGA débloque 6,5 milliards de dollars en appui aux investisseurs et prêteurs privés », https://www.miga.org/press-release/covid-19-la-miga-debloque-65-milliards-de-dollars-en-appui-aux-investisseurs-et

324 Hélène DE POOTER, « Aperçu de la coopération internationale en matière de surveillance et de riposte aux épidémies et aux pandémies », *op.*cit., p. 240.

d'assurance et un guichet de liquidités complémentaire[325]. Les coronavirus faisant partie des maladies couvertes par le guichet d'assurance dudit Mécanisme, 48 États ont reçu, au 27 juillet 2020, des indemnités versées au titre de la pandémie de la COVID[326].

Le groupe de Banque mondiale n'est pas la seule institution financière mondiale ayant adapté ses activités opérationnelles pour aider les États à surmonter les problèmes engendrés par la pandémie. Le Fonds Monétaire International (FMI) n'est pas resté silencieux face aux problèmes d'ordre économique et financier entraînés par la COVID-19.

B- La réponse opérationnelle du Fonds Monétaire International (FMI)

Dans le but d'aider les pays les plus vulnérables à faire face aux conséquences provoquées par la pandémie de la COVID-19, le FMI a déployé une riposte déroulée en plusieurs volets[327].Tout d'abord, cette institution a accordé un financement d'urgence à plus de 100 pays à travers son

---

325 « Le Groupe de la Banque mondiale lance un mécanisme de financement inédit pour protéger les pays les plus pauvres contre les pandémies », communiqué de presse, 21 mai 2016, https://www.banquemondiale.org/fr/news/press-release/2016/05/21/world-bank-group-launches-groundbreaking-financing-facility-to-protect-poorest-countries-against-pandemics

326 « Document d'information: Mécanisme de financement d'urgence en cas de pandémie (PEF) », disponible sur le lien suivant : https://www.banquemondiale.org/fr/topic/pandemics/brief/fact-sheet-pandemic-emergency-financing-facility

327 « Covid-19 : La riposte du FMI, 17 avril 2020 », disponible sur le lien suivant: https://www.imf.org/fr/About/FAQ/imf-response-to-covid-19

mécanisme de facilité de crédit rapide[328] et de son instrument de financement rapide[329]. Ensuite, elle a approuvé un allègement sous forme de dons du service de la dette pour 27 pays dans le cadre du Fonds fiduciaire d'assistance et de riposte aux catastrophes, créé en février 2015 pendant la flambée d'Ebola et modifié en mars 2020 en réaction à la COVID-19[330]. En outre, de concert avec la Banque mondiale, le FMI a appelé à un allègement de la dette bilatérale pour les pays à faibles revenus et à invité les créanciers à suspendre les règlements du service de la dette pour les pays concernés[331]. Enfin, ayant approuvé la création d'une ligne de liquidité pour renforcer la sécurité financière mondiale, ce Fonds a également augmenté les ressources des programmes de prêts afin d'adresser les besoins urgents provoqués par la pandémie.

---

[328] « La facilité de crédit rapide du FMI (FCR) », disponible sur le lien suivant : https://www.imf.org/fr/About/Factsheets/Sheets/2016/08/02/21/08/Rapid-Credit-Facility

[329] « L'instrument de financement rapide du FMI », Disponible sur le lien suivant : https://www.imf.org/fr/About/Factsheets/Sheets/2016/08/02/19/55/Rapid-Financing-Instrument

[330] « Fonds fiduciaire d'assistance et de riposte aux catastrophes » disponible sur le lien suivant : https://www.imf.org/fr/About/Factsheets/Sheets/2016/08/01/16/49/Catastrophe-Containment-and-Relief-Trust

[331] « Déclaration commune du Groupe de la Banque mondiale et du Fonds monétaire international relative à un appel à agir pour la dette des pays IDA », 25 mars 2020, disponible sur le lien suivant : https://www.imf.org/fr/News/Articles/2020/03/25/pr20103-joint-statement-world-bank-group-and-imf-call-to-action-on-debt-of-ida-countries

Conclusion du chapitre II

De tout ce qui précède, il résulte que les organisations internationales, conformément aux compétences qui leur sont attribuées par les États membres, ont adapté leurs actions normatives et opérationnelles en vue de lutter contre les pandémies. Si la révision du RSI en 2005 et l'adoption en 2011 du cadre PIP sont de nature à illustrer les actions de l'OMS pour ajuster son cadre normatif à cette lutte, les nombreuses résolutions adoptées par l'Assemblée générale de l'ONU et le Conseil de sécurité pour faire face aux pandémies du VIH-sida, de la maladie à virus Ebola et de la COVID-19 illustrent les efforts d'adaptation normative de l'ONU en la matière. Ces ajustements normatifs sont complétés par de nombreuses initiatives opérationnelles de l'ONU et de l'OMS pendant la pandémie de COVID-19 et par des activités opérationnelles entreprises par des organisations internationales à vocation financière comme la Banque mondiale et le FMI qui ont apporté une assistance substantielle aux pays en voie de développement en vue de les aider à surmonter les défis entraînés par la pandémie.

Conclusion de la partie I

Tout compte fait, les organisations internationales réagissent aux pandémies dans le cadre d'une double adaptation. D'une part, ces sujets dérivés du droit international ont adapté leurs méthodes de travail afin de faire face aux situations extraordinaires provoquées par les pandémies. Les nouvelles méthodes de travail adoptées par l'ONU à l'occasion de la COVID-19 dans l'objectif d'assurer la continuité de ses travaux illustrent cet effort d'adaptation. En effet, l'Assemblée générale de l'ONU a adopté une procédure d'approbation tacite qui lui a permis d'adopter un ensemble de décisions et de résolutions au cours de la pandémie. Elle a également établi des procédures spéciales pour la tenue, sans séance plénière, des élections au sein de l'organisation. Elle a aussi fixé des règles particulières pour l'organisation du débat général de la soixante-quinzième session ordinaire et de ses réunions de haut niveau. Pour sa part, le Conseil de sécurité s'est adapté aux situations sans précédent entraînées par la pandémie en adoptant une procédure écrite de vote pour adopter des résolutions et en recourant au système des visioconférences afin d'organiser des réunions virtuelles. Si ces méthodes de travail ont, dans l'ensemble, favorisé la poursuite des travaux de ces deux des organes principaux et leur ont permis de s'acquitter de leurs responsabilités respectives, l'analyse de leur mise en œuvre a révélé certaines lacunes et faiblesses. Il est à souligner par ailleurs que les organes intégrés de l'ONU comme le Secrétariat général et la CiJ ont également adopté des méthodes de travail particulières et ont recouru notamment aux modalités de télétravail pour affronter les défis induits par la pandémie de COVID-19.

D'autre part, les organisations internationales, conformément aux fonctions qu'elles sont chargées de remplir dans le cadre du principe de spécialité, ont également adapté leurs réponses substantielles aux pandémies. Cette adaptation s'illustre notamment par les actions normatives de l'OMS qui a révisé le RSI en 2005 et adopté le cadre PIP en 2011. Elle se manifeste également par les actions normatives de l'ONU. À ce propos, l'Assemblée générale des Nations Unies et le Conseil de sécurité ont adopté de nombreuses résolutions pour permettre à l'organisation d'être en mesure d'affronter les défis générés par les pandémies. Par ailleurs, la réponse des organisations internationales aux pandémies ne comporte pas uniquement une dimension normative. Elle est aussi de nature opérationnelle. C'est donc dans cette perspective que l'ONU et l'OMS ont pris un ensemble d'initiatives pour aider leurs États membres à surmonter les crises nées des pandémies et que des organisations internationales comme le groupe de la Banque mondiale et le FMI ont fourni leur assistance aux les pays à faibles revenus dans le but de les aider à faire face aux conséquences désastreuses de la pandémie de COVID-19 sur le plan socio-économique et financier.

Par ailleurs, les conséquences des pandémies ne se limitant pas à un seul secteur d'activité mais s'étendant simultanément à toutes les sphères d'action de la vie internationale, les organisations internationales, tout en se situant dans la limite des intérêts communs dont elles sont spécifiquement chargées de promouvoir, semblent avoir éprouvé le besoin de coopérer et de coordonner leurs actions face à un phénomène qui semble déstabiliser leur spécialisation respective.

PARTIE II- LA COOPÉRATION ET LA COORDINATION ENTRE LES ORGANISATIONS INTERNATIONALES FACE AUX PANDÉMIES

« L'intégration de plus en plus poussée à l'échelle mondiale fait qu'il devient chaque jour plus difficile de traiter séparément les divers domaines d'action »[332]. Cette allégation pourrait s'appliquer à la COVID-19 dont les conséquences multisectorielles sont de nature à renseigner sur le caractère transversal des pandémies. Leurs impacts se font sentir d'abord sur le plan de la santé et se manifestent ensuite dans les domaines du transport international, du travail, du commerce international, de l'humanitaire, de la paix et de la sécurité internationales, des droits de l'homme, des migrations, de l'économie, du développement, etc. Or, ces domaines correspondent aux domaines d'activité respectifs des organisations internationales mises en place par les États pour affronter, dans le cadre du principe de spécialité, des défis communs. Dès lors, tout porte à soutenir que les pandémies, du fait du caractère transversal du défi qu'elles constituent, semblent vouloir montrer la

---

332 Gro Harlem BRUNDTLAND et Mike MOORE, préface du document intitulé *« Les accords de l'OMC et la santé publique. Etude conjointe de l'OMS et du Secrétariat de l'OMC »,* Genève, 2002, 192 p.

limite fonctionnelle de la spécialisation de ces organisations internationales[333].

Si chaque organisation internationale devait, dans le cadre de la lutte contre les pandémies, agir dans son secteur d'activité de manière isolée, il en résulterait des risques de chevauchement et de double-emploi car les domaines d'activité de la vie internationale sont interdépendants et les conséquences des pandémies sont transversales et transsectorielles. Il en découlerait que, face aux pandémies, les actions d'une organisation internationale pourraient empiéter sur les champs de compétence attribués à une autre. Or, la coopération entre les acteurs internationaux a vocation à être organisée afin d'éliminer les « contradictions internationales »[334]. En outre, les actions des organisations internationales pour lutter contre les pandémies ne devraient pas s'éloigner de la logique du système global envisagé dans la Charte de San Francisco. D'ailleurs, la CiJ a souligné, à ce propos, que : « la Charte des Nations Unies a jeté les bases d'un « système» tendant à organiser de façon cohérente par le rattachement à l'Organisation des Nations Unies, dotée de compétences de portée générale, de diverses organisations autonomes et complémentaires, dotées de compétences sectorielles »[335].

Ainsi, l'objectif de cette deuxième partie est d'essayer de démontrer que la lutte menée par les organisations internationales contre les pandémies s'inscrirait dans une double démarche. D'abord, elle porterait ces sujets secondaires du droit international à collaborer ensemble sur le plan normatif. Ensuite, cette lutte contre les pandémies

---

[333] Hélène DE POOTER, *Le droit international de la santé face aux pandémies : vers un système de sécurité collective sanitaire collective ?, op cit.*, p.24

[334] David ERIC, *Droit des organisations internationales,* Bruxelles, éditions bruylant, 2016, p. 41

[335] Cij, Recueil 1996, Avis consultatif du 8 juillet 1996 relatif à le licéité de l'utilisation des armes nucléaires, p.80, §26.

conduirait les organisations internationales à coordonner leurs activités opérationnelles.

Pour ce faire, dans un premier temps, sera exposée la coopération normative entre les organisations internationales face aux pandémies (Chapitre I). Ensuite, sera abordée la question de la coordination des activités opérationnelles des organisations internationales face aux pandémies (Chapitre II).

Chapitre I : La coopération normative entre les organisations internationales face aux pandémies

Alors que les organisations internationales ne jouissent pas à l'instar des États des compétences générales[336], les pandémies créent, quant à elles, des besoins généraux et communs qui dépassent une approche purement sectorielle. Bien qu'il n'existe pas d'organisations internationales spécifiquement consacrées à la lutte contre les pandémies, celles qui sont susceptibles d'être considérées comme pertinentes dans le domaine des pandémies sont appelées à développer des coopérations sur le plan normatif.

La coopération normative entre les organisations internationales face aux pandémies consisterait pour celles qui opèrent notamment dans les domaines connexes au secteur sanitaire de participer à une œuvre normative commune. Elle se manifesterait par la conclusion des accords internationaux de coopération entre elles. Elle se concrétiserait également par le fait que les organisations internationales concernées procèdent à l'élaboration des normes conjointes. Avant d'envisager les implications de cette coopération normative (section III), les fondements (section I) et les modalités (section II) de cette coopération

[336] Avis consultatif du 8 juillet 1996, Cour internationale de Justice, Rec.1996, p.78 §28.

normative entre les organisations internationales face aux pandémies doivent être exposés.

Section I : Les fondements de la coopération normative entre les organisations internationales face aux pandémies

Bien que les organisations internationales soient des sujets secondaires du droit international régies par le principe de spécialité, elles ne sont pas condamnées à fonctionner dans un cadre hermétiquement clos. Elles sont appelées à entretenir des rapports ou à développer des coopérations avec d'autres organisations évoluant dans un secteur d'activité connexe. L'établissement de cette coopération se manifeste notamment par la conclusion de traités entre les organisations internationales. Bien que le *jus tractati* des organisations internationales puisse être également fondé sous la base de la théorie des pouvoirs implicites [337], leur capacité juridique de conclure des accords internationaux leur est généralement reconnue dans les actes constitutifs qui les ont instituées (§1). Par ailleurs, le RSI de l'OMS semble inciter à une coopération ou une harmonisation normative entre les organisations internationales dans la lutte contre les grippes pandémiques (§2).

[337] Pierre d'Argent, « La personnalité juridique internationale de l'Organisation internationale », in *Traité de droit des organisations internationales* Evelyne LAGRANGE et Jean-Marc SOREL (dir.), Paris, LGDJ, Lextenso éditions, 2013, p.456.

§1 : Les actes constitutifs des organisations internationales

Les membres fondateurs des organisations internationales prévoient, dans la très grande majorité des cas, un certain nombre de dispositions mettant en place un cadre général pour les relations avec les autres institutions internationales [338]. Ainsi, les actes constitutifs des organisations internationales ayant des attributions liées au secteur de la santé et par conséquent aux pandémies contiennent des dispositions qui leur permettent de développer des coopérations, y compris sur le plan normatif.

À cet égard, appelée à agir en tant qu'autorité directrice et coordonnatrice, dans le domaine de la santé, des travaux ayant un caractère international [339], l'OMS est chargée d'établir et de maintenir une collaboration effective avec notamment les Nations Unies et les institutions spécialisées. En plus d'être rattachée aux Nations Unies comme l'une des institutions spécialisées prévues par la Charte des Nations Unies [340], l'OMS « doit établir des relations effectives et coopérer étroitement avec telles autres organisations intergouvernementales jugées souhaitables. Tout accord officiel conclu avec ces organisations doit être approuvé à la majorité des deux tiers de l'Assemblée mondiale de la Santé » [341]. Ces dispositions « constitutionnelles » peuvent être considérées comme étant le fondement de toute coopération normative que l'OMS a

---

[338] Vincent TOMKIEWICK, « Concurrence, chevauchements de compétences et coordination entre organisations internationales», in *Traité de droit des organisations internationales* Evelyne LAGRANGE et Jean-Marc SOREL (dir.), Paris, LGDJ, Lextenso éditions, 2013, p.906.

[339] Constitution de l'Organisation mondiale de la Santé, Art. 2 alinéa a).

[340] Constitution de l'Organisation mondiale de la Santé, Art. 69.

[341] Constitution de l'Organisation mondiale de la Santé, Art. 70.

vocation de développer dans le cadre de son fonctionnement. Jusqu'à date, cette organisation a conclu 12 accords internationaux avec d'autres organisations internationales[342].

Dans cette même veine, les organisations évoluant dans le domaine du transport sont appelées à développer des relations avec d'autres organisations internationales. C'est le cas de l'Organisation de l'Aviation Civile Internationale (OACI) qui est chargée « d'élaborer les principes et les techniques de la navigation aérienne internationale » et qui a notamment pour objectif de « répondre aux besoins des peuples du monde entier en matière de transport aérien sûr, régulier, efficace et économique ». Selon l'article 65 de la Convention de Chicago, le Conseil de l'OACI peut, au nom de l'organisation, conclure des accords avec des organismes internationaux dans l'objectif d'entretenir des services communs et peut, avec l'approbation de l'Assemblée, conclure d'autres arrangements de nature à faciliter le travail de l'organisation.

Dans ce même ordre d'idées, les actes constitutifs d'autres organisations internationales leur confèrent la possibilité d'établir des relations avec leur pair par des mécanismes conventionnels. C'est le cas du Statut de l'Organisation des Nations Unies pour l'Alimentation et l'Agriculture (FAO). En effet, en plus de sa qualité d'institution spécialisée du système des Nations Unies, la Conférence de la FAO est habilitée par l'article XVII de l'acte constitutif, à conclure, au nom de l'organisation, des accords avec d'autres organisations internationales ayant des fonctions connexes afin d'assurer une coopération étroite entre elles.

---

342 Selon le décompte effectué par l'auteur dans les « Documents fondamentaux de l'OMS », 49e édition, édition, disponible sur le lien suivant : https://apps.who.int/gb/bd/pdf_files/BD_49th-fr.pdf#page=1

Dans cette même perspective, l'article 12 de la Constitution de l'Organisation internationale du Travail (OIT) dispose que « l'Organisation internationale du Travail collaborera, dans le cadre de la présente Constitution, avec toute organisation internationale générale chargée de coordonner les activités d'organisations de droit international public ayant des tâches spécialisées et avec les organisations de droit international public ayant des tâches spécialisées dans des domaines connexes ». C'est le même constat qui s'impose par la lecture de l'article V : 1 de l'Accord instituant l'Organisation Mondiale du Commerce qui dispose que « le Conseil général conclura des arrangements appropriés pour assurer une coopération efficace avec les autres organisations intergouvernementales qui ont des fonctions en rapport avec celles de l'OMC. Il en est de même pour l'article 26 de la Convention de l'Organisation météorologique mondiale qui prévoit expressément que son Conseil exécutif peut conclure des accords officiels avec d'autres organisations. D'un autre coté, si l'article 6k du Règlement organique de l'OIE dispose que le comité a notamment pour attribution « d'établir avec les autres organisations internationales toutes relations propres à assurer une collaboration conforme à leurs fins respectives et à ses propres fins », il y a lieu de voir en cette disposition le fondement juridique habilitant cette organisation à développer des coopérations normatives avec des organisations internationales ayant des compétences liées à son objet social.

Bien que les organisations internationales prises en considération n'aient pas été instituées pour lutter spécifiquement contre les pandémies, les facteurs susceptibles de générer les pandémies et les conséquences transsectorielles provoquées par celles-ci sont de nature à pousser ces organisations à travailler sur le plan normatif à travers un cadre commun. Dans cette même veine, il est possible de considérer le RSI comme incitant à une coopération normative entre l'OMS et les autres organisations internationales ayant un objet social lié aux questions des pandémies.

§2 : Le cadre de coopération établi par le Règlement Sanitaire International

Le Règlement Sanitaire de 2005 comporte un ensemble de dispositions invitant l'OMS à collaborer avec un ensemble d'organisations internationales dans le cadre de la lutte contre les urgences de santé publique de portée internationale. Déjà, dans l'alinéa 4 de son préambule, le Règlement établit la liste des organisations internationales avec lesquelles l'OMS est appelée à coopérer et à coordonner ses activités. Il s'agit notamment de l'Organisation des Nations Unies, de l'Organisation internationale du Travail, de l'Organisation des Nations Unies pour l'Alimentation et l'Agriculture, de l'Agence internationale de l'Énergie atomique, de l'Organisation de l'Aviation Civile Internationale, de l'Organisation Maritime Internationale et de l'Office international des Épizooties.

De plus, selon l'article 14.1 de cet instrument normatif, c'est par l'entremise des « accords ou des arrangements similaires » que l'OMS doit coopérer et dans le cas échéant avec les organisations internationales qui détiennent une parcelle de compétence dans la mise en œuvre du RSI. Cette disposition porte en elle-même les bases habilitant l'OMS à établir une coopération normative avec les organisations internationales dans la lutte contre la propagation internationale des maladies infectieuses dont les pandémies en constituent l'une des manifestations.

Par ailleurs, il est notable que l'article 57.1 prévoit que le RSI et les autres accords pertinents doivent être interprétés de manière à assurer leur compatibilité. Cela voudrait signifier que non seulement cet instrument normatif favorise une coopération normative entre l'OMS et des organisations internationales pertinentes mais opte également pour une harmonisation normative avec les autres instruments juridiques internationaux afin d'éluder toute « contradiction normative » en ce domaine. Lors de la conduite des travaux préparatoires ayant abouti à la révision du RSI en 2005, l'idée a été « de ne pas entraîner de conflits avec des instruments existants ou de conflits entre les activités de l'OMS et celles des autres organisations internationales » [343]. Le groupe de travail intergouvernemental qui a été constitué pour mener les travaux préparatoires de ladite révision ont examiné les dispositions de quarante-sept accords en relation avec celle du RSI [344]. Cet examen a porté notamment sur le droit commercial international, le Codex Alimentarius, le droit international de l'environnement, le droit international relatif aux accidents industriels, nucléaires et maritimes, le droit international relatif aux armes biologiques, chimiques et nucléaires, le droit international relatif à la lutte contre le terrorisme, le droit international des transports, les instruments relatifs aux droits de l'homme et le droit international relatif aux immunités diplomatiques[345]. Opéré sur la base du principe de la convergence entre traités et la présomption qui en découle qu'il n'y aura pas de conflits et sur celui de ne rien ajouter ni retrancher aux droits et

[343] Michèle POULAIN, « Le règlement sanitaire international », in *Traité de droit des organisations internationales*, *op.cit.*, p.763.
[344] Michèle POULAIN, « Le règlement sanitaire international », ibidem
[345]Hélène DE POOTER, *Le droit international de la santé face aux pandémies : vers un système de sécurité collective sanitaire collective ?,* op.cit, p. 202.

obligations prévus par d'autres instruments[346], cet examen a particulièrement donné lieu à des modifications qui présentaient un risque d'incompatibilité avec les normes du droit international du commerce[347]. Si ces efforts ont été menés dans le but d'éviter des chevauchements normatifs entre le RSI et les nombreux domaines du droit international auxquels il touche, il est notable que la mise en application de l'instrument qui en résulte pave la voie à une coopération normative entre l'OMS et les autres organisations internationales impliquées dans sa mise en œuvre. C'est dans cette optique que le RSI peut être appréhendé comme ayant aménagé le cadre d'une coopération normative entre l'OMS et les organisations internationales mentionnées dans son préambule.

Au regard de ce qui précède, il y a lieu de soutenir que les organisations internationales qui sont concernées dans la lutte contre les pandémies peuvent se fonder sur les dispositions pertinentes des actes constitutifs qui les ont instituées pour développer une coopération normative entre elles. Si celle-ci consiste principalement dans la conclusion des accords entre les sujets dérivés du droit international, les organisations internationales peuvent également exercer sous la base de la théorie implicite à défaut de l'existence d'une disposition statutaire. Par ailleurs, le RSI semble fournir un cadre incitant les organisations concernées par sa mise en œuvre à coopérer entre elles par l'entremise des moyens conventionnels dans le cadre de la lutte contre la propagation internationale des maladies infectieuses. Cela dit, les modalités de cette coopération normative entre les

---

[346] Michèle POULAIN, « Le règlement sanitaire international », *op.cit.*, 763

[347]Hélène DE POOTER, *Le droit international de la santé face aux pandémies : vers un système de sécurité collective sanitaire collective ?, op.cit* p. 203.

organisations internationales pour faire face aux pandémies méritent d'être évoquées.

Section 2 : Les modalités de la coopération normative entre les organisations internationales

La coopération normative entre les organisations internationales pour faire face aux pandémies consiste pour elles à s'engager conjointement par l'élaboration des instruments normatifs. Manifestation du *jus tractati* des organisations internationales, cette coopération normative se concrétise notamment par la conclusion des accords de coopération entre les organisations internationales (§1). Elle se manifeste également par le fait pour les organisations internationales de procéder à la création des normes de manière conjointe (§2).

§1 : La conclusion des accords de coopération entre les organisations internationales

Comme il a été précédemment souligné, il n'existe pas d'organisations internationales dédiées totalement et uniquement à la lutte contre les pandémies. Or, ces dernières renvoient à un ensemble de domaines relevant de secteurs d'activité d'un ensemble d'organisations internationales pouvant être considérées comme possédant une parcelle de compétence les autorisant à intervenir dans les questions et problèmes soulevés par les pandémies. Bien que les accords conclus entre les organisations internationales concernées aient plutôt pour vocation essentielle et première à organiser les rapports entre elles et non à poser les jalons de la lutte contre les pandémies, certains de ces instruments conventionnels peuvent être considérés comme traduisant la coopération normative sur les questions pandémiques car celles-ci présentent un intérêt commun. Dès lors, cette coopération normative peut-être illustrée par des accords de coopération conclus entre des organisations dont les compétences sont plus ou moins liées au domaine des maladies infectieuses.

À cet égard, l'accord conclu entre l'OMS et l'OIE en date du 16 décembre 2004 en est une illustration. L'article 1er de cet instrument juridique dispose que : « l'OMS et l'OIE décident de coopérer étroitement pour les questions d'intérêt commun relevant de leurs domaines de compétence respectifs tels qu'ils sont définis par les actes constitutifs de l'une et l'autre parties et par les décisions de leurs organes directeurs ». Cette coopération présente une importance vitale pour la lutte contre les pandémies car si la propagation internationale des maladies infectieuses représente avant tout un défi pour la santé humaine qui relève de la responsabilité de l'OMS, elle concerne aussi la santé animale que relève de l'OIE. Autrement dit, étant donné la transmissibilité des maladies animales à l'homme, la nécessité d'une coopération entre ces deux organisations paraît évidente[348]. Par ailleurs, selon l'article 4 §7 dudit accord, l'un des moyens de la collaboration entre l'OMS et l'OIE consiste en la mise au point conjointe des normes internationales relatives aux aspects pertinents de la production animale qui influent sur la sécurité sanitaire des aliments, en collaboration avec d'autres organismes internationaux concernés.

Également, entre l'OMS et la FAO, il a été signé un accord de coopération en 1948. Son article 1er dispose que : « afin de faciliter, dans le cadre général de la Charte des Nations Unies, la réalisation effective des fins qui leur sont

---

[348]Hélène DE POOTER, *Le droit international de la santé face aux pandémies : vers un système de sécurité collective sanitaire collective ?,* op.cit p. 236.

assignées par leurs actes constitutifs respectifs, l'Organisation des Nations Unies pour l'alimentation et l'agriculture et l'Organisation mondiale de la Santé conviennent d'agir en étroite coopération l'une avec l'autre, et de se consulter régulièrement dans les questions présentant un intérêt commun pour les deux organisations ». Le cadre de coopération établi par ledit accord est susceptible de présenter une grande importance pour faire face aux conséquences provoquées par les pandémies dans les domaines de la sécurité alimentaire et dans la santé humaine. Dès lors, la propagation des maladies infectieuses s'avère une question présentant un intérêt commun pour les deux organisations car les impacts engendrés par les pandémies sur l'approvisionnement international sont de nature à entraîner des conséquences drastiques sur la sécurité alimentaire et par conséquent sur la santé humaine.

En outre, l'accord intervenu entre l'OIE est la FAO le 24 mai 2004 pourrait être considéré comme illustratif de cette coopération normative entre les organisations internationales. L'article 1er de cet accord établit que « la FAO et l'OIE conviennent de coopérer étroitement pour ce qui concerne les questions d'intérêts commun dans leurs domaines de compétence respectifs ». Désireux de coordonner leurs efforts pour lutter contre les maladies et assurer la sécurité des aliments dans le cadre de leurs mandats respectifs, ces deux organisations s'engagent à agir conjointement dans la mise au point des normes internationales relatives aux aspects de la production animale qui influent sur la sécurité sanitaire des aliments, en collaboration avec d'autres organismes internationaux compétents »[349]. Si cet accord n'a pas vocation à lutter spécifiquement contre les pandémies, il peut se révéler pertinent dans ce domaine puisque la lutte contre les

---

[349] Article 2.3 b) de l'Accord entre la FAO et l'OIE.

maladies animales qui relève de l'OIE et la question de la sécurité sanitaire des aliments qui est du ressort de la FAO sont des domaines d'intérêts communs qui concernent à un titre ou à un autre le domaine de la propagation internationale des maladies infectieuses.

De plus, cette coopération normative s'exprime également à travers l'accord signé le 4 mai 1998 entre l'OIE et l'OMC. Selon les dispositions de l'article 1er, les deux organisations conviennent de collaborer ensemble et de se consulter réciproquement sur tous les sujets présentant un intérêt commun, en particulier celles qui concernent l'aspect sanitaire du commerce international des animaux et des produits d'origine animale et les zoonoses. Bien que cet instrument juridique ne porte pas spécifiquement sur les pandémies, il y a lieu le considérer comme pertinent dans le domaine de la propagation internationale des maladies infectieuses dans la mesure où les zoonoses auxquelles il est fait référence dans l'accord renvoient à un « groupe de maladies infectieuses qui se transmettent naturellement de l'animal à l'homme »[350].

Dans ce même ordre d'idées, on pourrait évoquer le Protocole d'accord signé le 30 mai 2018 entre l'OMS, le FAO et l'OIE concernant la coopération pour lutter contre les risques pour la santé à l'interface entre les hommes, les animaux et les écosystèmes dans le contexte de l'approche d'une « seule santé » en incluant la résistance antimicrobienne. L'objectif de ce Protocole d'accord est de fournir un cadre formel et légal à la coopération de longue date entre ces trois organisations afin de poursuivre des buts et des objectifs partagés au sujet du développement et de la mise en œuvre des approches multisectorielles face aux défis sanitaires complexes liés à l'interface entre les

[350] OMS, « Zoonoses et environnement », disponible sur le lien suivant https://www.who.int/foodsafety/areas_work/zoonose/fr/ consulté le 13 septembre 2020.

hommes, les animaux et les écosystèmes avec une emphase particulière sur la résistance antimicrobienne[351]. Il est à noter que ce protocole vient en appui d'une « note conceptuelle tripartite» signée par les trois organisations en 2010 ainsi qu'un document stratégique publié en 2017. Cette coopération trilatérale participe d'une stratégie holistique de contrôle des maladies survenant à la fois à l'interface entre l'homme, l'animal et les écosystèmes et qui relèvent de l'OMS, de l'OIE et de la FAO.[352]

Si la conclusion des accords entre les organisations internationales est l'une des modalités de coopération normative entre elles, celle-ci se manifeste aussi par la création, sous une base conjointe, des normes réglementaires en matière de santé publique en général.

§2 : La création des normes conjointes

La création des normes conjointes est une autre modalité selon laquelle les organisations internationales coopèrent pour le plan normatif. Cela peut s'illustrer notamment par l'action réglementaire de la commission conjointe FAO/OMS créée à l'initiative de la conférence de la FAO (onzième session) et adoptée en 1963 par la seizième Assemblée mondiale de la Santé de l'OMS. Bien que cette commission n'ait pas été créée dans le but spécifique de lutter contre les pandémies, la mission qui lui est confiée est susceptible de présenter un certain intérêt dans le cadre de la lutte contre les maladies infectieuses dont la propagation serait facilitée par le biais d'aliments ou d'emballages

[351] Protocole d'entente entre l'OIE, l'OMS et la FAO, art.2.

[352] Hélène DE POOTER, *Le droit international de la santé face aux pandémies : vers un système de sécurité collective sanitaire collective ?, op.cit.*, p. 164.

alimentaires. Chargée de garantir l'hygiène alimentaire en général[353], cette commission mixte est appelée à adresser des propositions aux Directeurs généraux de la FAO et à adopter, dans le cadre du programme mixte FAO/OMS sur les normes alimentaires, des principes harmonisant les critères d'hygiène des aliments et additifs alimentaires[354] sous le nom du *Codex Alimentarius*.

L'un des buts principaux de la Commission est la préparation de normes alimentaires et leur publication dans le *codex alimentarius.* Celui-ci constitue un « recueil de normes alimentaires et textes apparentés » [355] internationalement adoptées et présentées de manière uniforme. Ces normes et textes apparentés ont notamment pour objet de « protéger la santé des consommateurs et d'assurer la loyauté des pratiques suivies dans le commerce des produits alimentaires »[356]. La publication du Codex vise « à guider et à promouvoir l'harmonisation de définitions et d'exigences relatives aux produits alimentaires et, de ce fait, à faciliter le commerce international »[357]. Constitués de principes relatifs aux principaux produits alimentaires destinés à être livrés aux consommateurs, les normes du *Codex Alimentarius*, dépourvues de portée contraignante pour les États, comportent « [d] es exigences auxquelles doivent répondre les aliments pour assurer au

[353] Consulté sur la page web de la Commission du Codex Alimentarius dédiée à la Covid-19 : http://www.fao.org/fao-who-codexalimentarius/themes/covid-19/fr/ , 28 septembre 2020.

[354] Pierre-Mary DUPUY et Yann KERBRAT, *Droit international public*, *op.cit.*, p.216.

[355] Les textes apparentés incluent les codes d'usage, les lignes directrices et autres recommandations.

[356] Article 1er des Statuts de la Commission du Codex Alimentarius, in « Manuel de procédure de la Commission du Codex Alimentarius », 21e édition, Rome 2013, p.4.

[357] « Objet du Codex Alimentarius », in « Manuel de procédure de la Commission du Codex Alimentarius », pp.19-20.

consommateur des produits alimentaires sûrs et de qualité loyale, présentés et étiquetés de façon correcte »[358]. Élaborées à partir des données fournies par des organismes internationaux et indépendants d'évaluation des risques ou bien dans le cadre de consultations spéciales organisées par la FAO et l'OMS[359], les normes du *Codex Alimentarius* sont explicitement reconnues en tant que référence dans le règlement des différends commerciaux internationaux en vertu des accords du Cycle d'Uruguay sur l'application des mesures sanitaires et phytosanitaires (SPS) et les obstacles techniques au commerce (OTC).

Bien que jusqu'à ce jour, en ce qui concerne la COVID-19, « il n'existe aucune preuve de la transmission de virus causant des maladies respiratoires par le biais d'aliments ou d'emballages alimentaires »[360] et que « les coronavirus ne peuvent pas proliférer dans les aliments [car] ils ont pour cela besoin d'un hôte animal ou humain »[361], un certain nombre de textes adoptés et publiés par la Commission du Codex Alimentarius présentent un intérêt manifeste pour la protection de la santé des consommateurs dans l'hypothèse qu'une maladie infectieuse serait propagée par le truchement des produits alimentaires. Il s'agit en réalité des pratiques internationales que la Commission a développées afin de garantir l'hygiène alimentaire en général, mais aussi lors de la manipulation des aliments et de contrôler la

---

[358] « Nature des normes du Codex », in « Manuel de procédure de la Commission du Codex Alimentarius », p.20.

[359] « À propos du Codex Alimentarius », disponible sur le lien suivant : http://www.fao.org/fao-who-codexalimentarius/about-codex/fr/

[360] Consulté sur la page web de la Commission du Codex Alimentarius dédiée à la Covid-19 : http://www.fao.org/fao-who-codexalimentarius/themes/covid-19/fr/ , 28 septembre 2020

[361] Consulté sur la page web de la Commission du Codex Alimentarius dédiée à la Covid-19 : http://www.fao.org/fao-who-codexalimentarius/themes/covid-19/fr/ , 28 septembre 2020.

présence de virus dans les aliments[362]. Servant de référence en termes de sécurité sanitaire des aliments dans le commerce alimentaire mondial, ces textes sont axés sur les risques et sont fondés sur des principes scientifiques. En effet, parmi les textes adoptés par la Commission du Codex Alimentarius, il y a lieu de mentionner *les principes généraux d'hygiène alimentaire*. Publiés en 1969, il s'agit d'un ensemble de principes qui jettent des bases solides permettant de garantir l'hygiène des aliments et qui s'appliquent à la chaîne alimentaire depuis la production primaire jusqu'à la consommation finale, en indiquant les contrôles d'hygiène qui doivent être exercés à chaque stade[363]. De plus, cette Commission a adopté en 1995 *les principes applicables à l'inspection et à la certification des importations et des exportations alimentaires* dont l'objectif est de garantir que « les aliments et leurs systèmes de production sont conformes aux exigences spécifiées, afin de protéger le consommateur contre les risques liés aux produits alimentaires et les pratiques commerciales frauduleuses et de faciliter les échanges sur la base d'une description exacte du produit ». Par ailleurs, la Commission a adopté en 2012 *les Directives sur l'application des principes généraux d'hygiène alimentaire à la maîtrise des virus dans les aliments*. Il s'agit d'un document qui se propose de fournir une orientation sur la façon de prévenir ou de minimiser la présence de virus dans les aliments et qui vise à minimiser les risques de maladie d'origine alimentaire.

Dans une époque où les données provenant des études récentes ont montré que les infections virales d'origine alimentaire sont très fréquentes dans de nombreuses régions

---

[362]http://www.fao.org/fao-who-codexalimentarius/themes/covid-19/fr/
[363] Principes généraux d'hygiène alimentaire CAC/RCP 1-1969, introduction, p. 3. Disponible sur le site suivant : http://www.fao.org/fao-who-codexalimentarius/sh- f

du monde[364], l'élaboration et la publication des normes alimentaires par la *Commission du Codex alimentarius* dans l'objectif de protéger la santé des consommateurs des risques alimentaires revêtent une importance cruciale dans la lutte contre les virus pandémiques. Bien que ces normes ne fassent pas partie de l'action réglementaire unilatérale de l'OMS ou de la FAO, il y a lieu de soutenir qu'elles participent de l'action normative conjointe de ces deux organisations chargées respectivement d'amener tous les peuples au niveau de santé le plus élevé possible et d'agir sur les questions se rapportant à la nutrition, à l'alimentation et à l'agriculture.

Si la conclusion des accords de coopération entre les organisations internationales et la publication des normes conjointes sont évocatrices de la coopération normative entre ces sujets dérivés du droit international, il importe de se focaliser par ailleurs sur les implications de cette coopération dans le cadre de la lutte contre les pandémies.

Section 3 : Les implications de cette coopération normative dans le cadre de la lutte contre les pandémies

La coopération normative entre les organisations internationales dans la lutte contre les pandémies conduit à une harmonisation normative entre elles. Celle-ci se manifeste notamment par la prise en compte en compte des normes sanitaires par l'Organisation Mondiale du Commerce (OMC) (§1) et par la mise en conformité des normes et pratiques recommandées de l'OACI avec le RSI (§2).

---

[364] « Directives sur l'application des principes généraux d'hygiène alimentaire à la maîtrise des virus dans les aliments », Commission du Codex Alimentarius, CXG 79, 2012.

§1 : La prise en compte des normes sanitaires par l'OMC

Un bref aperçu des instruments commerciaux administrés par l'OMC permet de soutenir que la santé publique est l'objet d'une attention soutenue dans le cadre du système commercial multilatéral.[365]. Toutefois, les normes sanitaires internationales pouvant servir de base à la justification des mesures nécessaires à la protection de la santé et de la vie des personnes et des animaux ou à la préservation des végétaux ne sont pas édictées par l'OMC, qui n'est pas d'ailleurs dotée d'une vocation de normalisation. Elles sont émanées d'autres organisations ou institutions internationales. Dans ce travail, les considérations porteront sur l'Accord relatif à l'application des mesures sanitaires et phytosanitaires (Accord SPS) ayant trait à l'application des réglementations concernant l'innocuité des produits alimentaires, ainsi que la protection de la santé des animaux et la préservation des végétaux.

En effet, cet accord dispose en son article 3 §2 que « les mesures sanitaires ou phytosanitaires qui sont conformes aux normes, directives ou recommandations internationales seront réputées être nécessaires à la protection de la vie et de la santé des personnes et des animaux ou à la préservation des végétaux, et présumées être compatibles avec les dispositions pertinentes du présent accord et du GATT de 1994 ». La question est de savoir quelles sont les organisations internationales dont les normes, directives ou recommandations pourraient faire partie des standards auxquels renvoie l'article 3 §2. Pour tenter de répondre à

---

[365] Sabrina ROBERT-CUENDET, « L'exception de santé dans la jurisprudence de l'organe de Règlement des différends de l'OMC », in *Santé et droit international,* Guillaume LE FLOCH et Thibaut FLEURY GRAFF (dir.) colloque de Rennes de 2018 de la Société Française pour le Droit International, Paris, éditions A. Pédone, 2019, *p.* 185.

cette interrogation, il serait pertinent de se référer au paragraphe 3 de l'annexe 1A de l'Accord SPS qui dispose que :

> « a) pour l'innocuité des produits alimentaires, les normes, directives et recommandations établies par la Commission du Codex Alimentarius en ce qui concerne les additifs alimentaires, les résidus de médicaments vétérinaires et de pesticides, les contaminants, les méthodes d'analyse et d'échantillonnage, ainsi que les codes et les directives en matière d'hygiène ;
>
> b) pour la santé des animaux et les zoonoses, les normes, directives et recommandations élaborées sous les auspices de l'Office international des Épizooties ;
>
> c) pour la préservation des végétaux, les normes, directives et recommandations internationales élaborées sous les auspices du Secrétariat de la Convention internationale pour la protection des végétaux en coopération avec les organisations régionales opérant dans le cadre de ladite Convention ; et
>
> d) pour les questions qui ne relèvent pas des organisations susmentionnées, les normes, directives et recommandations appropriées promulguées par d'autres organisations internationales compétentes ouvertes à tous les membres et identifiées par le Comité ».

Cette disposition définit 4 entités dont les normes, les directives ou les recommandations sont susceptibles d'être prises en compte par les États quand ceux-ci adoptent des mesures SPS pour protéger la vie et la santé des personnes et des animaux ou pour préserver les végétaux. Il s'agit de la Commission mixte FAO/OMS du Codex Alimentarius, de l'Office international des épizooties (OIE), du Secrétariat de la Convention internationale pour la protection des végétaux et « autres organisations internationales compétentes ». Parmi ces entités, l'emphase sera mise sur deux d'entre elles, à savoir l'OIE et la catégorie « autres organisations internationales ».

Pour ce qui concerne l'OIE, il s'agit de la seule et de l'unique organisation intergouvernementale chargée d'élaborer des normes concernant la santé animale, y compris les zoonoses, et le bien-être animal. Ses normes sont reconnues comme des références mondiales par l'OMC[366]. Selon les dispositions de l'article 12 §3 de l'Accord SPS, le Comité des mesures sanitaires et phytosanitaires est appelé à entretenir des relations étroites avec, entre autres, l'OIE « afin d'obtenir les meilleurs avis scientifiques et techniques disponibles pour l'administration du présent accord et d'éviter toute duplication inutile des efforts ». Dans cette veine, l'OIE est également concernée par l'application des dispositions du §6 de l'article 12 qui indique que : « le Comité pourra, à l'initiative de l'un des Membres, inviter par les voies appropriées les organisations internationales compétentes ou leurs organes subsidiaires à examiner des questions spécifiques concernant une norme, une directive ou une recommandation particulière ». La prise en compte des normes de l'OIE par l'OMS peut, par ailleurs, être attestée

[366] « L'Organisation mondiale de la santé animale (OIE) », disponible sur le lien suivant : https://www.oie.int/fr/a-propos/

par les dispositions de l'Accord du 4 mai 1998 entre l'OIE et l'OMS dont le point 8 établit que « les Secrétariats de l'OIE et de l'OMC pourront convenir de la procédure à suivre lorsque le Comité SPS soumettra à l'OIE des questions spécifiques concernant les normes, directives ou recommandations de l'OIE au sens de l'article 12, paragraphe 6 de l'Accord SPS ». Non seulement les normes établies par l'OIE peuvent servir de base aux mesures sanitaires et phytosanitaires décidées par les États membres à l'OMS mais également l'expertise de l'OIE peut-être sollicitée par l'OMC soit à l'initiative du comité SPS ou à celle de l'une des parties dans le cadre d'un différend.

Pour ce qui concerne la catégorie « autres organisations internationales », il serait approprié de se demander si l'OMS en ferait partie et, plus précisément, si le RSI et les recommandations de l'OMS pourrait servir de fondement aux mesures SPS adoptées par un État membre de l'OMS à l'occasion d'une pandémie. Tout d'abord, il est à constater que ni l'OMS en tant que telle, ni le RSI ne sont pas énumérés au §3 de l'annexe 1A de l'Accord SPS définissant les « normes, directives et recommandations internationales ». Toutefois, « les autres organisations internationales » évoquées par l'alinéa d) dudit article ne sont ni la commission du Codex Alimentarius, ni l'OIE ni le Secrétariat de la Convention internationale pour la protection des végétaux. Ainsi, elles peuvent concerner n'importe qu'elle autre organisation internationale de normalisation. Cette hypothèse pourrait trouver un écho favorable dans les dispositions de l'alinéa 7 du préambule de l'Accord SPS indiquant que :

> « Désireux de favoriser l'utilisation de mesures sanitaires et phytosanitaires harmonisées entre les Membres, sur la base de normes, directives et recommandations internationales élaborées par les organisations internationales compétentes, dont la

Commission du Codex Alimentarius, l'Office international des épizooties, et les organisations internationales et régionales compétentes opérant dans le cadre de la Convention internationale pour la protection des végétaux, sans exiger d'aucun membre qu'il modifie le niveau de protection de la santé et de la vie des personnes et des animaux ou de préservation des végétaux qu'il juge approprié ».

En conséquence, en se fondant sur cette disposition, il y aurait lieu de soutenir que l'OMS pourrait être l'une de ces « autres organisations internationales et que ses normes et ses recommandations pourraient faire partie des standards mentionnés à l'article 3 §2 de l'Accord SPS[367].

Par ailleurs en ce qui concerne la question de savoir si les recommandations émises par l'OMS au titre du RSI peuvent servir de base à des mesures SPS, il importe de se référer à l'Accord SPS, lequel ne s'applique qu'aux « mesures sanitaires et phytosanitaires qui peuvent, directement ou indirectement, affecter le commerce international »[368]. Les mesures SPS s'appliquent à quatre types de risques : 1- des risques découlant de l'entrée, de l'établissement ou de la dissémination de parasites, maladies, organismes porteurs de maladies ou organismes pathogènes ; 2- des risques découlant des additifs, contaminants, toxines ou organismes pathogènes présents dans les produits alimentaires, les boissons ou les aliments pour animaux ; 3- des risques découlant des maladies véhiculées par des animaux, des plantes ou de leurs produits, ou de l'entrée, de l'établissement ou de la dissémination de parasites ; 4- les autres dommages

---

[367]Hélène DE POOTER, *Le droit international de la santé face aux pandémies : vers un système de sécurité collective sanitaire collective ?*, *op.cit.*, p. 217.

[368] Selon le §1er de l'article 1er de l'Accord sur l'application des mesures sanitaires et phytosanitaires (Accord SPS).

découlant de l'entrée, de l'établissement ou de l'établissement ou de la dissémination de parasites[369]. Or, les mesures de l'OMS au terme du RSI s'appliquent à un risque bien différent. C'est celui découlant de la transmission interhumaine d'un agent pathogène[370]. Dès lors, il serait possible de soutenir que les normes de l'OMS ne pourraient pas servir de base à une mesure SPS car le risque contre lequel elles assurent la protection ne ferait pas partie des 4 risques identifiés par l'Annexe A §1 de l'Accord SPS.

Il reste par ailleurs que, pour être qualifiée de mesure SPS, une mesure doit affecter le commerce international. On sait que, selon l'article 18 du RSI, le Directeur général de l'OMS est habilité à adopter des recommandations concernant les « personnes, bagages, cargaisons, conteneurs, moyens de transport, marchandises et colis postaux ». Si les recommandations qui visent les personnes pourraient affecter le commerce international en ce qu'elles peuvent ralentir ou empêcher la livraison des marchandises[371], elles ont toutefois vocation à protéger la vie et la santé des personnes d'un risque ne figurant pas dans la liste des risques envisagés par l'annexe A, §1. Conséquemment, il est difficile de considérer ces recommandations comme pouvant servir de base à l'application des mesures SPS. Par contre, les recommandations portant sur les cargaisons, conteneurs,

---

369 Annexe A §1 de l'Accord SPS.

370 Hélène DE POOTER, *Le droit international de la santé face aux pandémies : vers un système de sécurité collective sanitaire collective ?, op.cit.*, p. 222.

371 Hélène DE POOTER, *Le droit international de la santé face aux pandémies : vers un système de sécurité collective sanitaire collective, op.cit.*, p.220.

moyens de transport, marchandises et colis postaux sont susceptibles d'être qualifiées de mesures SPS[372].

L'OMS a un statut d'observateur au Comité de SPS[373]. Mais cela ne veut pas dire que ses normes seront automatiquement considérées comme des standards internationaux au sens de l'article 3 §2 de l'Accord SPS. Toutefois, les Groupes spéciaux pourraient également la consulter au titre de l'article 11§2 de l'Accord de SPS à la demande de l'une ou de l'autre des parties ou de son propre initiative. Par ailleurs, les recommandations du Directeur général de l'OMS au titre du RSI, pourraient servir à soutenir les allégations d'un État membre selon lesquelles sa mesure repose sur des justifications scientifiques au sens de l'article 3 §3 de l'Accord SPS.

Au regard de ce qui précède, si les normes de l'OIE sont prises en compte par l'OMC et sont envisagées comme des références mondiales pour celle-ci, tel n'est pas le cas pour l'OMS dont les normes sont difficiles d'être envisagées comme les standards internationaux évoqués à l'article 3 §2 de l'Accord SPS. Par ailleurs, les normes et pratiques recommandées de l'OACI sont élaborées et mises à jour de manière conforme aux dispositions du RSI.

§2 : La mise en conformité des normes et pratiques recommandées de l'OACI avec le RSI

Dans la lutte contre la propagation internationale des maladies infectieuses, le transport aérien est une sphère d'activité qui met en exergue la nécessité d'une approche

---

[372]Hélène DE POOTER, *Le droit international de la santé face aux pandémies : vers un système de sécurité collective sanitaire collective ?, op.cit.*, p. 221.

[373] « The WTO and the World Health Organization (WHO) » https://www.wto.org/french/thewto_f/coher_f/wto_who_f.htm

complémentaire si non transversale entre l'OMS, qui s'occupe essentiellement des problèmes sanitaires et l'OACI dont le principal domaine d'intérêt est l'aviation. Dans ce domaine, ces deux institutions spécialisées de l'ONU ne sauraient agir de manière isolée [374]. Par l'entremise d'une stratégie efficace, elles sont appelées à collaborer étroitement pour se compléter l'une l'autre afin de s'attaquer au problème de la transmission des maladies infectieuses par le biais du secteur aérien. C'est en effet dans cette perspective que l'OACI affirme que ce sont les dispositions pertinentes du RSI qui ont servi de base à l'élaboration des normes et pratiques recommandées et de ses lignes directrices[375]. Cela est de nature à éviter toute incohérence entre le RSI et les textes réglementaires de l'OACI.

Il importe de noter que, en vertu de l'article 44 de la Convention internationale relative à l'aviation civile internationale (dite Convention de Chicago), l'OACI a pour but et pour objectif d'élaborer les principes et les techniques de la navigation aérienne internationale et de promouvoir la planification et le développement du transport aérien international de manière notamment à « répondre aux besoins des peuples du monde en matière de transport aérien sûr, régulier, efficace et économique » [376] et à « promouvoir la sécurité de vol dans la navigation aérienne internationale » [377]. Ainsi, selon l'article 37 de la Convention de Chicago l'OACI est habilitée à adopter et à amender « les normes, pratiques recommandées et

---

[374] Comment l'OACI interagit-elle avec l'Organisation mondiale de la Santé (OMS) ?, https://www.icao.int/safety/aviation-medicine/Pages/FR/healthrisks_FR.aspx#anchor01

[375] Comment l'OACI tient-elle compte du Règlement sanitaire international (2005) de l'OMS?, https://www.icao.int/safety/aviation-medicine/Pages/FR/healthrisks_FR.aspx#anchor01

[376] Convention relative à l'aviation civile internationale, art. 44, d).

[377] Convention relative à l'aviation civile internationale, art.44, h).

procédures internationales traitant des [...] formalités de douane et d'immigration [...] et, lorsqu'il paraît approprié de le faire, de tout autre sujet intéressant la sécurité, la régularité et l'efficacité de la navigation aérienne». L'importance de ces normes et pratiques recommandées, dont l'adoption relève de la compétence du Conseil de l'OACI[378], se justifie par les obligations qui pèsent sur les États parties à la Convention de Chicago. En effet, l'article 22 de ladite Convention dispose que « chaque État contractant convient d'adopter, par la promulgation de règlements spéciaux ou de toute autre manière, toutes mesures en son pouvoir pour faciliter et accélérer la navigation par aéronef entre les territoires des États contractants et éviter de retarder sans nécessité les aéronefs, équipages, passagers et cargaisons, particulièrement dans l'application des lois relatives à l'immigration, à la santé, à la douane et au congé». Par ailleurs, l'article 14 de la Convention de Chicago fait obligation aux États de « prendre des mesures efficaces» pour lutter contre la propagation par la voie de la navigation aérienne des maladies infectieuses et à cette fin « de se tenir en étroite consultation avec les institutions chargées des règlements internationaux relatifs aux mesures sanitaires applicables aux aéronefs». Cette disposition est susceptible de viser à la fois l'OACI et l'OMS. D'où l'importance pour l'OACI de prendre en compte les normes du RSI dans l'adoption et la mise à jour de ses normes et pratiques recommandées.

Les normes et les pratiques recommandées de l'OACI, fondées sur les dispositions de l'article 37 de la Convention de Chicago et régulièrement révisées, ont été adoptées pour la première fois en 1949[379] et font partie intégrante de la

---

378 Convention relative à l'aviation civile internationale, art. 54 l).

379 Annexe 9 à la Convention relative à l'aviation civile internationale, Normes et pratiques recommandées internationales, Quinzième édition, octobre 2017.

Convention de Chicago sous le titre de l'Annexe 9. Cette annexe qui est actuellement à sa quinzième édition depuis le 23 février 2018 traduit « un bel exemple de synergie »[380] entre la Convention de Chicago et le RSI. En effet, la mise en application du RSI fait entièrement l'objet de la section E du chapitre 8 de ladite annexe. Le paragraphe 8.12 pose l'obligation selon laquelle « [l] es États contractants respecteront les dispositions pertinentes du Règlement sanitaire international (2005) ». Par ailleurs, le chapitre 2 de l'Annexe prend également en compte les normes du RSI dans nombre de ses dispositions. En effet, selon le §2.4, les États ne doivent pas empêcher « un aéronef de faire escale à un aéroport international pour des raisons de santé publique, à moins qu'une telle mesure ne soit prise conformément au Règlement sanitaire international (2005) de l'Organisation mondiale de la Santé ». Il en est de même pour l'article 2.5 qui demande aux États de se fonder sur le RSI lorsqu'ils projettent d'appliquer des mesures supplémentaires aux recommandations de l'OMS. Selon les dispositions dudit article, les États se doivent de fonder leur décision sur : a) des principes scientifiques ; b) les éléments scientifiques disponibles indiquant un risque pour la santé humaine ou, si ces éléments sont insuffisants, les informations disponibles, émanant notamment de l'OMS et d'autres organisations intergouvernementales et organismes internationaux compétents ; c) tout conseil ou avis spécifique disponible émis par l'OMS.

La lutte contre la propagation des maladies infectieuses entraîne une harmonisation normative entre l'Annexe 9 de la Convention de Chicago et le RSI. Cette intégration est de nature à éviter des incohérences dans l'action normative de l'OACI sur les questions déjà abordées par le Règlement

---

[380]Hélène DE POOTER, *Le droit international de la santé face aux pandémies : vers un système de sécurité collective sanitaire collective ?,op.cit.*, p. 225.

sanitaire de l'OMS en ce qui concerne la transmission par voie de navigation aérienne des maladies infectieuses. La prise en compte du RSI dans l'actualisation des normes et pratiques recommandées traduit également le fait que l'OACI est consciente qu'une approche normative isolée ne saurait être efficace dans ce domaine. D'ailleurs, il est utile de souligner que le RSI identifie l'OACI comme l'une des organisations internationales pertinentes avec laquelle l'OMS est appelée à coopérer en vue de l'application des normes de cet instrument normatif. Par ailleurs, afin de faire face aux risques sanitaires susceptibles de se propager par le biais du transport aérien et de porter préjudice à la santé des populations et aux intérêts de l'aviation dans divers pays, l'OACI associe l'OMS dans l'élaboration des éléments indicatifs techniques et des procédures opérationnelles.

L'harmonisation normative entre les organisations internationales pertinentes peut-être envisagée comme l'une des implications de la coopération normative existant entre elles au sujet de la lutte contre les pandémies. Elle se traduit notamment par la prise en compte des normes de l'OIE par l'OMC et de celles du RSI par l'OACI.

Conclusion du chapitre I

À la lumière de ce qui précède, il résulte que les pandémies, de part leur dimension transversale aussi bien pour ce qui concerne les facteurs pouvant les générer qu'en ce qui a trait aux conséquences lourdes que ces fléaux sanitaires sont susceptibles d'entraîner dans tous les domaines d'activité de la vie internationale, portent les organisations internationales à développer une coopération normative dont le fondement pourrait être situé à la fois dans leur acte constitutif respectif et dans les dispositions pertinentes du RSI. Cette coopération se manifeste notamment par la conclusion des accords de coopération entre les organisations internationales et par la création de normes de manière conjointe. Également, cette coopération emporte des conséquences sur la façon dont ces sujets du droit international organisent la lutte contre les pandémies. Elle conduit à une harmonisation normative entre elles et celle-ci se manifeste, d'une part, par la prise en compte des normes sanitaires par l'OMC et, d'autre part, par la mise en conformité des normes et pratiques recommandées de l'OACI avec le RSI. Par ailleurs, s'il est permis de dire que les organisations internationales n'agissent pas dans un cadre normatif isolé pour combattre les pandémies et que se développent à cet effet des collaborations entre elles, ces sujets dérivés du droit international sont appelés également à coordonner leurs actions opérationnelles dans l'objectif d'améliorer leur réponse opérationnelle aux besoins inouïs engendrés par les pandémies.

Chapitre II : La coordination des activités opérationnelles des organisations internationales face aux pandémies

Comme cela a été indiqué, les activités opérationnelles sont définies comme l'action des organisations internationales dans des sphères autres que celle de l'édiction des actes normatifs[381]. Elles traduisent le fait pour les organisations internationales de fournir notamment une assistance économique, financière et administrative aux États membres. Dans le domaine des pandémies, elles renvoient à une kyrielle d'actions et sont susceptibles de désigner l'assistance apportée aux États par les organisations internationales pour les aider à faire face à la propagation des virus pandémiques et aux conséquences qui en résultent.

Or, dotées d'attributions strictement définies et de fonctions déterminées, les organisations internationales semblent avoir été façonnées pour agir de façon isolée, voire « sectorialisée » et non dans le cadre d'objectifs communs[382]. Or, les pandémies sont susceptibles d'entraîner des besoins et des problèmes d'une grande ampleur et d'une forte gravité qui risquent de porter toutes les organisations internationales à agir. Dès lors, pour éviter les phénomènes de concurrences,

---

[381] Pierre-Mary DUPUY et Yann KERBRAT, *Droit international public*, *op.cit.*, p.218

[382] Vincent TOMKIEWICK, « Concurrence, chevauchements de compétences et coordination entre organisations internationales», *op.cit.*, p. 892.

de doubles emplois voire de contradictions dans le déploiement de leurs actions et pour agir dans un cadre souhaitable de cohérence, les organisations internationales gagneraient à déployer leurs activités de manière coordonnée voire dans un cadre intégré.

La coordination des activités des organisations internationales est une problématique récurrente qui se pose depuis le début l'institutionnalisation des relations internationales contemporaines et qui a fait couler beaucoup d'encre[383]. Étymologiquement, le terme de coordination vient du latin *coordonatio,* qui renvoie à la notion d'« arrangement »[384]. Elle désigne l'action de « lier des éléments séparés, relier des actions, des activités diverses pour constituer un ensemble cohérent ou pour atteindre un but déterminé »[385]. Dotée d'une essence finaliste[386], la coordination est entendue comme l'« harmonisation

---

383 Notamment Paolo CONTINI « Méthodes de coordination des activités des différentes organisations internationales et travaux d'équipes entre celles-ci », *Revue de droit uniforme*, 1973, no 2. pp 39-63 ; André LEWIN, « La coordination au sein des Nations Unies — Mission impossible ? », *Annuaire français de droit international* volume 29, 1983. pp. 9-22 ; Suzanne BASTID, « Sur quelques problèmes juridiques de coordination dans la famille des Nations Unies », in Bardonnet (D.) et al. (dir.*), Le droit international : unité et diversité. Mélanges offerts à Paul Reuter*, Paris, Pédone, 1981, pp. pp. 75-101 ; Susan REYE, La coordination des activités normatives des organisations internationales : le cas des organisations n'appartenant pas à la même "famille", Thèse Paris 2 Panthéon-Assas, 1984 ; Francisca AGUAYO ARMIJO, « *La coordination entre organisations internationales en matière de reconstruction post-conflit* », thèse Paris 1 Panthéon-Sorbonne, 2017.

384 Gérard CORNU, Vocabulaire juridique, Paris, Puf, 10e édition, 2014, p. 272.

385 Grand Dictionnaire Encyclopédique Larousse, Paris, Larousse, vol. 3, 1982, p. 260.

386 Francisca AGUAYO ARMIJO, « *La coordination entre organisations internationales en matière de reconstruction post-conflit* », thèse Paris 1 Panthéon-Sorbonne, 2017. p. 21.

d'activités diverses dans un souci d'efficacité »[387]. Dans le cadre de ce travail, la coordination sera privilégiée non par rapport à sa finalité mais plutôt en référence à ses formes. Il s'agit donc de s'intéresser aux moyens par lesquels les organisations internationales parviennent à coordonner les activités opérationnelles pour faire face aux pandémies.

La systématisation de la coordination des activités opérationnelles des organisations internationales est une tâche difficile[388]. Les formes de cette coordination en matière de lutte contre les pandémies sont aussi diverses que variées. Néanmoins, cette étude essaiera d'abord de présenter les principaux moyens par lesquels les organisations internationales coordonnent leurs réponses opérationnelles face aux pandémies (section I). Ensuite, il sera question d'analyser les modalités de cette coordination dans le domaine particulier que constituent les pandémies (section II).

Section I : Les moyens de la coordination des réponses opérationnelles des organisations internationales face aux pandémies

Les moyens de la coordination des activités des organisations internationales dans le cadre de la lutte contre les pandémies sont divers et variés. Ils consistent pour la plupart en l'institution des instruments programmatiques (§1), la mise en place des dispositifs organiques (§2) et la création de fonds fiduciaires (§3).

[387] Grand Dictionnaire Encyclopédique Larousse, Paris, Larousse, vol. 3, 1982, p. 260.

[388] Hélène DE POOTER, *Le droit international de la santé face aux pandémies : vers un système de sécurité collective sanitaire collective ?, op.cit.*, p. 231.

§1 : L'institution des moyens programmatiques

Les organisations internationales instituent de nombreux programmes et conçoivent un certain nombre de plans dans l'objectif de faciliter la coordination de leurs réponses matérielles face aux défis posés par les pandémies. Étant des notions parfois substituables[389], le programme et le plan sont des instruments classiques permettant de conduire une collaboration structurée dans le temps [390] et d'orienter l'action des organismes en fonction d'objectifs clairement définis [391] . Ainsi entendues, ces deux notions seront envisagées sous le chapeau générique de « moyens programmatiques » dans le seul but de faciliter la présentation cet exposé.

En effet, qu'il s'agisse du VIH/sida ou des pandémies de grippe, les tentatives de coordination des réponses opérationnelles des organisations internationales passent par l'institution de ces instruments programmatiques qui sont déployés par les organisations internationales pour coordonner leurs actions en la matière.

En ce qui a trait au VIH-sida, la riposte mondiale à cette pandémie est pilotée par un mécanisme institutionnel conjoint devenu opérationnel le 1er janvier 1996. Il s'agit bien du Programme commun des Nations Unies sur le VIH/sida (ONUSIDA) dont la création a été approuvée par le Conseil économique et social le 26 juillet 1994 dans la

---

389 Vincent TOMKIEWICK, « Concurrence, chevauchements de compétences et coordination entre organisations internationales», *op.cit.*, p. 915.

390 Vincent TOMKIEWICK, « Concurrence, chevauchements de compétences et coordination entre organisations internationales», *ibid.*

391 Hélène DE POOTER, *Le droit international de la santé face aux pandémies : vers un système de sécurité collective sanitaire collective ?,op.cit.*, p. 247.

résolution 1994/24[392]. Illustration d'un « effort concerté au niveau international visant à combattre la pandémie du VIH/sida », l'institution de cette « agence subsidiaire » fait suite à un « examen externe réalisé en 1992 qui avait mené à la conclusion qu'une meilleure collaboration au sein des institutions de l'ONU au niveau national était nécessaire en vue d'offrir un meilleur appui aux gouvernements »[393] et aux décisions prises par le Programme des Nations Unies pour le développement (PNUD), le Fonds des Nations Unies pour l'enfance (UNICEF), le Fonds des Nations Unies pour la population (FNUAP), l'OMS, l'Organisation des Nations Unies pour l'éducation, la science et la culture (UNESCO) et la Banque mondiale d'entreprendre un programme des Nations Unies conjoint et mené de concert pour lutter contre le VIH/sida notamment sur la base de la collaboration en matière de planification et d'exécution[394].

Les objectifs de ce programme de coordination sont nombreux et ambitieux. En effet, il s'agit notamment pour l'ONUSIDA d'assurer au niveau mondial la direction du combat à mener contre l'épidémie ; de s'atteler à obtenir et à faciliter un consensus mondial sur les politiques et les programmes ; de renforcer la capacité du système des Nations Unies de suivre les tendances et de veiller à ce que des politiques et stratégies appropriées et efficaces soient mises en œuvre au niveau national ; de rendre les gouvernements mieux à même d'élaborer des stratégies nationales globales et de mettre en œuvre des actions

[392] « Programme des Nations Unies conjoint et mené de concert pour lutter contre le virus d'immunodéficience humaine/syndrome d'immunodéficience acquise (VIH/sida) », Résolution E/RES/1994/24, 26 juillet 1994, §1.

[393] « Deuxième évaluation indépendante de l'ONUSIDA. Annexe 8. Gouvernance de l'ONUSIDA», disponible sur le lien suivant : https://data.unaids.org/pub/basedocument/2009/sie_final_report_annex_8_fr.pdf

[394] Résolution E/RES/1994/2, *op.cit.*, alinéa 2 du préambule.

efficaces de lutte contre le VIH/sida au niveau national ; de favoriser une large mobilisation politique et sociale afin de prévenir et de combattre le VIH/sida dans les pays, en veillant à ce que les initiatives prises sur le plan national fassent intervenir un grand nombre de secteurs et d'institutions [395]. Il s'agit d'un ensemble d'objectifs à caractère général et abstrait qui confère à l'ONUSIDA des responsabilités de coordination très élevées.

Ayant pour mission de coordonner les activités mondiales visant à lutter contre la pandémie du sida, ce programme regroupe aujourd'hui onze entités internationales considérées comme « coparrainants ». Elles regroupent d'une part quatre institutions internationales spécialisées, à savoir l'OIT, l'UNESCO, l'OMS et la Banque mondiale et d'autre part, des programmes et fonds des Nations Unies, c'est-à-dire, le HCR, UNICEF, PAM, PNUD, ONUDC, et ONU Femmes)[396]. S'appuyant sur les compétences de chacune de ces entités dans le cadre d'une assistance pour la formulation des politiques, le programme a pour fonction de « fournir une assistance pour la formulation des politiques, la planification stratégique, les conseils techniques, la recherche-développement, les activités de plaidoyer et les relations extérieures »[397]. Il est à noter que, pour assurer la coordination de ses activités, l'ONUSIDA est constitué notamment du Conseil de coordination du programme, lui-même composé des représentants des États concernés, des organismes coparrainants et de la société civile et du Comité des Organismes coparrainants (COC) qui réunit les dirigeants desdits organismes et facilite la contribution de ces

---

[395] E/RES/1994/24, *op.cit.,* point 3 de l'annexe.

[396] « Coparrainants de l'ONUSIDA », disponible sur https://www.unaids.org/fr/aboutunaids/unaidscosponsors

[397] E/RES/1994/24, *op.cit.*, point 9 de l'annexe.

organismes aux stratégies, aux politiques et aux opérations du Programme commun.

En ce qui a trait aux pandémies de grippe, les efforts de coordination des actions opérationnelles des organisations internationales se cristallisent par l'élaboration en 2006 du « Plan d'action consolidé pour la contribution du système des Nations Unies en matière de grippe pandémique aviaire et humaine ». Ce plan fut établi sous la direction du Coordonnateur principal du Système des Nations Unies pour les grippes aviaire et humaine, poste créé en 2005 par le Secrétaire général des Nations Unies. Si la responsabilité du coordonnateur était de s'assurer que « le système des Nations Unies contribue de manière efficace et coordonnée à l'effort global pour contrôler l'épidémie de grippe aviaire qui, [à l'époque] touch [ait] particulièrement les pays d'Asie », il était également chargé de s'assurer que le système des Nations Unies apporte « un soutien efficace aux efforts locaux, nationaux, régionaux et mondiaux pour faire face à une éventuelle pandémie de grippe humaine – afin de limiter les pertes humaines aussi bien que les bouleversements sociaux et économiques que cette pandémie pourrait causer »[398]. Le coordonnateur principal est par ailleurs chargé de superviser la mise en œuvre du Plan, de s'assurer de la cohérence de l'ensemble et de procéder aux révisions nécessaires[399].

---

[398] ONU info, « Grippe aviaire : un expert de l'OMS nommé Coordonnateur spécial de l'ONU », 20 septembre 2005, https://news.un.org/fr/story/2005/09/80282, consulté le 28 septembre 2020.

[399]Hélène DE POOTER, *Le droit international de la santé face aux pandémies : vers un système de sécurité collective sanitaire collective ?*, *op.cit.*, p. 247.

Élaboré au nom des différents organismes des Nations Unies désireux de coordonner leurs actions en la matière[400], le « Plan d'action consolidé pour la contribution du système des Nations Unies en matière de grippe pandémique aviaire et humaine » s'est étendu aux organisations intergouvernementales ne relevant pas de la famille des Nations Unies[401].Il en résulte une augmentation du nombre des organismes participants. Ce plan s'est structuré autour des objectifs suivants : 1- santé animale et biosécurité ; 2- moyens de subsistance durable ; 3- santé humaine ; 4- coordination des parties prenantes au niveau national, régional et international ; 5- communication : information du public et incitation à l'observation du consentement ; 6- continuité dans une situation de pandémie ; 7- soutien aux services humanitaires[402]. Conçu dans l'objectif d'assurer la cohérence des activités opérationnelles des organisations intervenant en matière de grippe pandémique aviaire et humaine, le plan assigne un ou plusieurs organisme(s) à la mise en œuvre de chacun des objectifs.

Dans cette même veine, peut être pris en compte le cadre programmatique tripartite institué par l'OMS, l'OIE et la FAO à travers une note conceptuelle conjointe publiée en 2010[403]. Porté par la vision « une seule santé », ce cadre

---

[400] UN System Influenza Coordinator (UNSIC), *Consolidated Action Plan for Contributions of the UN System and partners (UNCAPAHI)*, Produced on behalf of FAO, ICAO, ILO, IOM, OCHA, OIE, UNDP, UNHCR, UNICEF, UNWTO, WFP and WHO, 17 september 2007, 47 p. disponible sur le lien suivant : https://www.humanitarianresponse.info/sites/www.humanitarianresponse.info/files/documents/files/2007_uncapahi_review.pdf

[401] C'est le cas notamment de l'Organisation internationale de la Migration (OIM) et de l'OIE.

[402] UN System Influenza Coordinator (UNSIC), *Consolidated Action Plan for Contributions of the UN System and partners (UNCAPAHI)*, p.5.

[403] The FAO-OIE-WHO Collaboration. Sharing responsibilities and coordinating global activities to address health risks at the animal-

programmatique décrit la collaboration entre ces trois organisations ainsi que les objectifs à atteindre dans la prévention et le contrôle des risques sanitaires à l'interface de l'homme, des animaux et des écosystèmes[404]. Il aménage la direction stratégique à suivre et offre une base de long terme pour la coopération internationale destinée à coordonner les activités mondiales afin de lutter contre les risques sanitaires qui émergent aux interfaces entre l'homme, les animaux et les écosystèmes[405]. Les objectifs poursuivis par cette note conceptuelle sont notamment de coordonner les parties prenantes, de renforcer les institutions de santé animale et humaine et d'améliorer la préparation et les réponses aux pandémies. Par ailleurs, il est à noter que ces trois organisations ont publié en 2017 un deuxième document stratégique [406] pour réaffirmer leur engagement à assurer un « leadership multisectoriel et collaboratif» pour affronter les défis sanitaires et pour élargir le cadre de leur collaboration en mettant l'accent notamment sur la consolidation des services nationaux de santé humaine, de santé animale et de sécurité sanitaire des aliments ; le renforcement et la modernisation des systèmes

---

human-ecosystems interfaces. A Tripartite Concept Note, April 2010, 5 p.

[404] «Collaboration internationale FAO-OIE-OMS ». Disponible sur le lien suivant : https://www.oie.int/fr/pour-les-medias/une-seule-sante/mieux-controler-les-risques-sanitaires-mondiaux/collaboration-internationale/

[405] «This document sets a strategic direction for FAO-OIE-WHO to take together and proposes a long term basis
for international collaboration aimed at coordinating global activities to address health risks at the human animal- ecosystems interfaces», in The FAO-OIE-WHO Collaboration. Sharing responsibilities and coordinating global activities to address health risks at the animal-human-ecosystems interfaces, ibid. p. 1.

[406] The Tripartite's Commitment Providing multi-sectoral, collaborative leadership in addressing health challenges. FAO, OIE et WHO, October 2017, 4 p.

précoces d'alerte et de surveillance des maladies ; l'anticipation, la préparation et la riposte aux maladies infectieuses émergentes, ré-émergentes ou négligées[407].

Pour ce qui concerne la pandémie de COVID-19, parmi les mécanismes de coordination ayant été mis en place pour canaliser les initiatives opérationnelles des organisations internationales, il y a lieu de mentionner le « Plan stratégique de préparation et de riposte » élaboré par l'OMS et ses partenaires et publié en février 2020[408]. Faisant partie de l'un des trois volets de la riposte du système des Nations Unies, il s'agit d'un document qui « définit les priorités de l'action sanitaire mondiale et décrit les mesures de santé publique que tous les pays doivent mettre en œuvre pour se préparer et réagir à la pandémie ». Ce plan constitue le cadre stratégique devant guider « tous les partenaires nationaux et internationaux » dans les actions qu'ils déploient pour faire face à la pandémie. Dans cette même veine, le « Plan de réponse humanitaire global » représente un effort visant à coordonner les actions des organisations internationales et d'autres organismes internationaux ayant vocation à agir dans ce secteur dans le cadre de la lutte contre le coronavirus. Élaboré sous la coordination du Bureau de la coordination des affaires humanitaires de l'ONU et des partenaires du Comité permanent interorganisations (CPI)[409], ce plan définit les priorités de la riposte à la

---

[407] The Tripartite's Commitment Providing multi-sectoral, collaborative leadership in addressing health challenges, p.3.

[408] 2019 Novel Coronavirus (2019-nCoV): Strategic preparadness and response plan. Disponible sur le lien suivant : https://www.who.int/docs/default-source/coronaviruse/srp-04022020.pdf

[409] Le Comité permanent interorganisations est le forum de coordination humanitaire le plus ancien et le plus élevé du système des Nations Unies. Il réunit les chefs de secrétariat de 18 entités internationales. Il est chargé d'assurer la cohérence des efforts de préparation et de réponse, formuler des politiques et convenir des

COVID-19 dans les pays vulnérables et pauvres. Le plan permet aux organisations du système des Nations Unies et à d'autres organismes évoluant hors du système onusien de converger leurs stratégies dans un cadre concerté. Ainsi, le plan regroupe notamment les appels et les demandes du PAM, de la FAO, de l'OMS, de l'OIM, du PNUD, du FNUAP, d'ONU-Habitat, du HCR et de l'UNICEF. Conçu pour la période d'avril à décembre 2020, ce plan s'est proposé d'assurer « une complémentarité, une synergie, l'identification des insuffisances et des besoins et la coordination de la réponse »[410]. À ce double plan sanitaire et humanitaire, s'ajoute également le « Cadre des Nations Unies pour la réponse socioéconomique immédiate à la COVID-19 »[411] qui, élaboré en avril 2020, a fourni la stratégie et le plan détaillé pour une riposte socio-économique d'urgence. Porté essentiellement sur les actions concrètes à mettre en place au niveau national, ce plan est appelé à être mis en œuvre par les équipes de pays des Nations Unies sur une période de 12 à 18 mois.

Dans la cadre des programmes institués pour coordonner la réponse opérationnelle des organisations internationales dans le cadre de la lutte contre la COVID-19, il importe de mentionner par ailleurs le mécanisme COVAX qui est un dispositif mondial codirigé par l'OMS, l'Alliance GAVI et

---

priorités pour une action humanitaire renforcée. Plus de détails sont disponibles sur le lien suivant :
https://interagencystandingcommittee.org/the-inter-agency-standing-committee

[410] « Global Humanitarian response plan Covid-19, United Nations Coordinated appeal. April- December ». https://www.unocha.org/sites/unocha/files/Global-Humanitarian-Response-Plan-COVID-19.pdf

[411] « Cadre des Nations Unies pour la réponse socioéconomique immédiate à la COVID-19 AVRIL 2020 » https://unsdg.un.org/sites/default/files/2020-07/FR_UN-Framework-immediate-SE-response-to-COVID.pdf

la Coalition pour les innovations en matière de préparation aux pandémies (CEPI)[412]. Il s'agit d'un mécanisme lancé en avril 2020 qui a pour objectif d'accélérer « la mise au point et la fabrication de vaccins contre la COVID-19 et d'en assurer un accès juste et équitable à l'échelle mondiale »[413]. Cette initiative est l'un des piliers d'une collaboration mondiale visant l'accélération de l'accès aux outils de lutte contre la COVID-19 connue sous l'appellation « accélérateur ACT » regroupant des organisations internationales comme l'OMS, la Banque mondiale et des acteurs privés[414].

Somme toute, comme il vient d'être exposé, les organisations internationales peuvent instituer des programmes et des plans dans l'objectif de parvenir à la coordination de leurs activités opérationnelles dans le cadre de la lutte contre les pandémies. Par ailleurs, cette coordination peut également se manifester par la création des dispositifs organiques.

---

[412] GAVI, « Gavi and global health actors collaborate to accelerate CoVID-19 technologies for all», disponible sur le site suivant: https://www.gavi.org/news/media-room/gavi-and-global-health-actors-collaborate-accelerate-covid-19-technologies-all, consulté le 1er décembre 2021.

[413] OMS, « Covax : collaborer pour un accès mondial et équitable aux vaccins contre le virus de la Covid-19 », disponible sur le lien suivant : https://www.who.int/fr/initiatives/act-accelerator/covax

[414] OMS, « Dispositif pour accélérer l'accès aux outils de lutte contre la COVID-19 », disponible sur le lien suivant : https://www.who.int/fr/initiatives/act-accelerator

§2 : La mise en place des dispositifs organiques

Pour coordonner leurs actions opérationnelles face aux fléaux pandémiques, les organisations internationales procèdent à l'établissement des dispositifs organiques.

Cela est susceptible d'être illustré notamment par la création de la *Mission des Nations Unies pour l'action d'urgence contre l'Ebola* (MINUAUCE), qui constitue un « mécanisme institutionnel temporaire » établi par le Secrétaire général de l'ONU dans le cadre de la lutte contre l'épidémie de maladie à Ebola, fléau sanitaire que d'aucuns considèrent comme la « peste des temps modernes »[415]. Cette décision de créer cet organe subsidiaire fait suite aux résolutions adoptées par le Conseil de sécurité et l'Assemblée générale de l'ONU[416]. Elle semble avoir été justifiée par le fait qu'Ebola était devenue une crise multidimensionnelle. Dans sa proposition de création de cette « structure opérationnelle unique », le Secrétaire général a soutenu « qu'[i] l est clair qu'il ne s'agit plus seulement d'une crise de santé publique, mais d'un problème beaucoup plus complexe ayant des aspects politiques, sociaux, économiques, humanitaires et logistiques, ainsi que des ramifications sur le plan de la sécurité » et que « aucune organisation n'a les ressources pour endiguer la crise à lui seul (*sic*) »[417]. Appelée à travailler en étroite collaboration, et de façon coordonnée,

---

[415] Formule utilisée par le Représentant de la Nouvelle Zélande lors de la réunion du Conseil de sécurité des Nations Unies du 18 septembre 2014, cf. S/PV.7268, spé. p. 48

[416] Résolution 2177 (2014) en date le 18 septembre 2014 du Conseil de sécurité et celle 69/1 du 23 septembre 2014 de l'Assemblée générale portant sur les mesures visant à endiguer et combattre l'épidémie à virus Ebola qui s'est déclarée récemment en Afrique de l'Ouest de l'Assemblée générale

[417] A/69/389 et S/2014/679 : lettres identiques datées du 17 septembre 2014, adressées par le Secrétaire général au Président de l'Assemblée générale et au Président du Conseil de sécurité

avec les entités des Nations Unies déjà sur place dans les pays touchés par la crise à portée multiple et à définir les orientations stratégiques de la réponse opérationnelle de l'ensemble des acteurs, la Mission a été chargée d'exploiter les moyens et les compétences de toutes les entités des Nations Unies afin de renforcer la cohésion sur le plan des objectifs, de contribuer à une direction efficace des opérations sur le terrain et de mener des interventions rapides, efficaces, efficientes et cohérentes[418].

Dotée de la responsabilité d'étendre sa mission de coordination aux entités extérieures ne faisant pas partie de la famille des Nations Unies, la MINUANCE, qui constitue historiquement la premier organe subsidiaire à caractère sanitaire créé par l'ONU pour affronter une épidémie, avait eu pour priorités stratégiques d'enrayer la propagation du virus, de traiter les malades, de fournir les services essentiels, de préserver la stabilité et de faire en sorte que la maladie ne gagne pas les pays non encore touchés. À cette fin, la Mission a été aussi chargée de mettre en place une plateforme opérationnelle régionale qui permettra d'acheminer rapidement l'aide internationale aux États affectés et de faire le nécessaire pour obtenir une mobilisation rapide et de moyens humains, matériels, logistiques et financiers internationaux, à l'appui du mandat et des priorités stratégiques.

Une deuxième illustration de l'établissement des dispositifs organiques pour faire face aux pandémies pourrait se trouver dans l'activation en février 2020 de l'*Équipe de gestion des crises de l'ONU*[419]. Piloté par l'OMS, ce mécanisme rassemble des organisations

---

[418] A/69/389 et S/2014/679, ibid.

[419] OMS, « Coronavirus disease 2019 (COVID-19) Situation Report - 23 », disponible sur le lien suivant: https://www.who.int/docs/default-source/coronaviruse/situation-reports/20200212-sitrep-23-ncov.pdf?sfvrsn=41e9fb78_4

internationales comme la Banque mondiale, la FAO, l'OMI et l'OACI, de nombreux fonds et programmes du système des Nations Unies et plusieurs départements du Secrétariat des Nations Unies. Ayant pour objectif de « faciliter et d'harmoniser l'ensemble des efforts de l'ONU pour permettre une action coordonnée et cohérente en réponse à la COVID-19 » [420], l'Équipe spéciale est notamment chargée de communiquer des informations clés concernant la pandémie aux organismes du système des Nations Unies et aux entités situées en dehors de la famille onusienne, d'analyser et de hiérarchiser les principaux problèmes émergents et de s'assurer de la coordination des stratégies, des décisions politiques et des plans.

Par ailleurs, les organes créés par les organisations internationales pour faire face aux maladies infectieuses peuvent revêtir un caractère conjoint. C'est le cas du *réseau mondial d'expertise commun sur l'influenza aviaire* (OFFLU) lancé en 2005 par l'OIE et la FAO et qui est étendu en 2009 à toutes les grippes animales [421]. Cette structure organique repose sur la mise en réseau des laboratoires de référence de l'OIE et de la FAO. Elle est chargée d'échanger des données scientifiques et des matériels biologiques (y compris de souches virales), dans le cadre du réseau, d'analyser ces données et de partager les données recueillies avec la communauté scientifique ; de fournir des avis techniques, de formation et d'expertise vétérinaire aux membres en matière de prévention, de

---

420 « United Nations Crisis Management Policy Activation for 2019-nCoV crisis DRAFT. Terms of Reference», disponible sur le lien suivant : https://www.globalprotectioncluster.org/wp-content/uploads/200214-TOR-for-COVID-19-UN-Crisis-Management-Team-FINAL.pdf

421 « Réseau scientifique mondial OIE/FAO pour le contrôle des grippes animales commun sur l'influenza aviaire (OFFLU) », https://www.oie.int/fr/expertise-scientifique/offlu-le-reseau-des-influenzas-animales/

diagnostic, de surveillance et de contrôle des grippes animales ; de travailler en collaboration avec le réseau de l'OMS sur la grippe humaine pour les questions liées à l'interface homme-animal, notamment en vue du développement rapide de vaccins à usage humain ; de mettre en lumière les recherches nécessaires sur la grippe, de promouvoir leur développement et assurer la coordination[422]. Dans cette même perspective, on pourrait évoquer le lancement d'un *système mondial d'alerte rapide pour les maladies animales y compris les zoonoses* (GLEWS) en 2006 par l'OMS, l'OIE et la FAO. Il s'agit « du tout premier système conjoint d'alerte rapide et d'intervention » qui tire parti de la synergie et de la coordination des mécanismes de suivi, de vérification et d'alerte des trois organisations en question et qui a pour but de prévoir et de faire face aux maladies animales et aux zoonoses[423]. La logique d'ensemble de cet organe conjoint repose sur une répartition complémentaire des responsabilités. Si l'OIE doit promouvoir la transparence sur la santé animale, la FAO est chargée d'assurer la promotion des systèmes de surveillance et de gestion des maladies et de développer des plans de secours. Pour sa part, l'OMS est appelée notamment à surveiller l'évolution des maladies infectieuses et à protéger les populations humaines des conséquences des épidémies[424].

---

[422] « Réseau scientifique mondial OIE/FAO pour le contrôle des grippes animales commun sur l'influenza aviaire (OFFLU) », ibid.

[423] « Lancement d'un système mondial d'alerte rapide pour les zoonoses. Initiative conjointe FAO/OIE/OMS », http://www.fao.org/newsroom/fr/news/2006/1000369/index.htm

[424] « The Global Early Warning and Response System for Major Animal Diseases including Zoonoses (GLEWS)». FAO, OIE and WHO. Disponible sur le lien suivant: http://www.fao.org/docs/eims/upload/217837/agre_glews_en.pdf

Il résulte de ce qui précède que l'institution des dispositifs organiques constitue l'un des moyens par lesquels les organisations internationales coordonnent leurs activités opérationnelles afin de mener la lutte contre les pandémies. Par ailleurs, cette coordination se cristallise également par la création des fonds fiduciaires.

§3 : La création des fonds fiduciaires

Les organisations internationales recourent parfois à la mise en place des fonds fiduciaires qui leur permettent de regrouper les ressources nécessaires dans le cadre des actions opérationnelles à mener contre les pandémies. Ce mécanisme permet d'éviter que la coopération entre les organisations internationales ne soit éclatée et entravée par la course aux financements. Il favorise la coordination stratégique entre les organisations concernées en ce sens qu'il confère au gestionnaire la possibilité de proposer aux autres participants le financement de missions qu'ils auraient pu identifier et peut aussi les encourager à s'aligner sur sa stratégie[425]. Mécanisme financier innovant dont la gestion est souvent confiée à une organisation financière ou assurée par une organisation disposant d'une compétence directement liée au programme poursuivi[426], la technique du fonds fiduciaire a été privilégiée en de nombreuses occasions pour coordonner et soutenir les réponses apportées par les organisations internationales aux problèmes posés par les pandémies.

---

[425] Vincent TOMKIEWICK, « Concurrence, Chevauchements de compétences et coordination entre organisations internationales», *op.cit.*, p. 917.

[426] Vincent TOMKIEWICK, « Concurrence, Chevauchements de compétences et coordination entre organisations internationales», *op.cit.*, p. 917.

À cet égard, le système des Nations Unies a créé en 2006 *le Fonds central de lutte contre la grippe* (CFIA). Supervisé par le coordonnateur principal du système des Nations Unies pour les grippes aviaire et humaine, il s'agit d'un fonds d'affectation à donateurs multiples permettant à ces derniers de regrouper leurs ressources et de les soumettre à une gestion centralisée afin de faciliter le financement rapide des « actions prioritaires ayant peu ou pas de provisions pour lutter contre la grippe aviaire et de se préparer à une grippe pandémique »[427]. Administré par le Bureau des fonds d'affectation spéciale multipartenaires du Programme des Nations Unies pour le Développement (PNUD), ce fonds a été conçu comme un mécanisme qui complète les autres canaux de financement du Plan d'action consolidé des Nations Unies sur la grippe aviaire et humaine et de ses sept objectifs.

Accessible à tous les organismes du système des Nations Unies et aux organisations intergouvernementales hors système, le Fonds central de lutte contre la grippe a été particulièrement chargé d'améliorer la coordination inter-agences, de respecter les responsabilités des organismes de l'ONU, de promouvoir une réponse d'ensemble cohérente, efficace et prévisible de la part du système de l'ONU et de simplifier, par le biais d'un seul compte de fonds consolidés, la capacité de soutenir tous les organismes de l'ONU participant à des réponses spécifiques[428].

En vertu des « termes de référence » régissant le fonctionnement du *Fonds central de lutte contre la grippe*, l'organisme qui formule une demande de financement

[427] « La grippe aviaire et le risque d'une pandémie de grippe », https://www.un.org/fr/influenza/un_response.shtml#:~:text=Fonds%20central%20des%20Nations%20Unies,la%20famille%20de%20l'%20ONU%20.

[428] Revised Terms of reference for a UN Central Fund For Influenza Action (CFIA), December 2009. p.1. Disponible sur le lien suivant: http://mptf.undp.org/factsheet/fund/cfi00

auprès dudit mécanisme est appelé à le faire en collaboration avec l'organisme en charge de la réalisation de l'un des objectifs du Plan d'action consolidé des Nations Unies sur la grippe aviaire et humaine. À cet effet, le Secrétariat du Fonds doit soumettre toute demande de financement à l'organisme chef de file qui doit étudier, conformément au Plan d'action, la pertinence technique et opérationnelle de la requête et de soumettre une opinion au comité de gestion, structure interagence gouvernant ledit Fonds[429]. Le but ainsi poursuivi est d'éviter les risques de contradiction dans le financement des programmes et de centraliser la gestion des ressources. Ayant été lancé en 2007, *le Fonds central de lutte contre la grippe* a cessé son fonctionnement en 2012. À la date de l'achèvement des opérations, le Fonds central a reçu un total de 45, 96 millions de dollars provenant de cinq (5) donateurs et a approuvé un ensemble de projets proposés par les 13 organismes récipiendaires[430]. Il en résulte donc que ce Fonds a facilité la coordination stratégique des activités opérationnelles menées par les organismes participants au Plan d'action du Système des Nations Unies et de ses partenaires pour les grippes animale et humaine et surtout une répartition cohérente des actions à accomplir.

La création en 2014 par le Secrétaire général des Nations Unies du Fonds *d'affectation spéciale pluripartenaires pour la lutte contre l'Ebola* constitue une autre illustration du recours des organisations internationales à la création des fonds fiduciaires. En effet, la mise en place de ce fonds,

---

[429] Revised Terms of reference for a UN Central Fund For Influenza Action (CFIA), p.3.

[430] Final Consolidated Annual Progress Report on Activities Implemented under the Central Fund for Influenza Action (CFIA). Report of the Administrative Agent of the CFIA for the Period 1 January 2007 to 31 December 2012. 31 mai 2013. 43 p. Disponible sur le lien suivant : http://mptf.undp.org/factsheet/fund/CFI00

qui s'inspire de « l'expérience réussie »[431] du Fonds central de lutte contre la grippe, fait suite au lancement de la réponse du système des Nations Unies à l'épidémie d'Ebola qui s'est structurée autour de 5 objectifs stratégiques, à savoir : la fin de l'épidémie ; le traitement des infectés ; le fonctionnement des services essentiels, la préservation de la stabilité ; la prévention des flambées dans les pays non affectés. Ce Fonds dont les opérations ont débuté en septembre 2016 et ont pris fin en novembre 2018 a eu pour mission de générer et gérer des ressources pour atteindre ces objectifs stratégiques. Selon ce qui est indiqué dans ses « termes de référence », ce fonds a notamment pour fonction d'assurer une contribution cohérente du système des Nations Unies à la riposte globale à l'épidémie d'Ebola ; de faciliter une action rapide et coordonnée du système onusien ; de mobiliser les fonds auprès des États membres, des organisations gouvernementales ou non gouvernementales, des entreprises et des particuliers[432].

Pouvant être appréhendé comme le bras financier de la Mission des Nations Unies pour l'action d'urgence contre l'Ebola, ce Fonds d'affectation spéciale est administré par le Bureau des fonds d'affectation spéciale multipartenaires du Programme des Nations Unies pour le développement (PNUD). Sa structure de gouvernance se compose notamment d'un comité consultatif, d'un Secrétariat, des entités récipiendaires et, bien entendu, de l'agent administratif.

Dans le cadre de l'accomplissement de sa mission, *le Fonds d'affectation spéciale pluripartenaires pour la lutte contre l'Ebola* a contribué au financement de l'action

---

[431] « Terms of Reference for Ebola Response Multi-Partner Trust Fund», p. 1. Disponible sur le lien suivant: http://mptf.undp.org/factsheet/fund/EBO00

[432] « Terms of Reference for Ebola Response Multi-Partner Trust Fund», ibid.

concertée de 14 institutions et organismes des Nations Unies[433]. Il a reçu 166 millions de dollars provenant de 47 donateurs, grâce auxquels le Fonds a approuvé le financement de 86 projets[434]. Ce fonds d'affectation a réussi à mobiliser une grande variété de parties prenantes et à centraliser la gestion des ressources nécessaires aux activités opérationnelles que les organisations internationales ont menées pour répondre aux défis multidimensionnels posés par la maladie à virus Ebola.

Par ailleurs, le recours des organisations internationales à la mise en place des arrangements financiers communs s'est à nouveau manifesté à l'occasion de la pandémie de COVID-19. À ce propos, le Secrétaire général des Nations Unies a créé le *Fonds pour la riposte à la COVID-19 et le relèvement* pour favoriser le prompt rétablissement social et économique des pays à revenu faible ou intermédiaire. L'établissement de ce Fonds fait suite à un appel à la solidarité lancé par le Secrétaire général pour attirer l'attention sur les conséquences dévastatrices engendrées par la pandémie de coronavirus[435]. Le Fonds, établi en avril 2020 pour une période de deux ans, a pour but de mobiliser les ressources nécessaires en vue de permettre le financement des objectifs définis par le Secrétaire général dans son appel. C'est-à-dire, la lutte contre l'urgence sanitaire ; le redressement économique ; l'assistance économique aux pays à revenu faible ou intermédiaire[436].

433 « UN Ebola response Mptf - Final Consolidated Report. 2014-2018 ». p.103 disponible sur le lien suivant : http://mptf.undp.org/factsheet/fund/EBO00

434 UN Ebola response Mptf - Final Consolidated Report. 2014-2018 ».ibid. p.5.

435 «Solidarity, hope' and coordinated global response needed to tackle COVID-19 pandemic, says UN chief», disponible sur le lien suivant: https://news.un.org/en/story/2020/03/1059752

436 « UN COVID-19 Response & Recovery Fund », http://mptf.undp.org/factsheet/fund/COV00.

Ainsi, le Fonds cherche à « [r] éduire les souffrances humaines, économiques et sociales causées par la pandémie de la COVID-19 dans les pays les plus vulnérables et garantir la relance »[437].

Selon ce qui est disposé dans ses « termes de référence », ce mécanisme financier est notamment chargé de garantir une réponse cohérente du système des Nations Unies, de faciliter l'allocation rapide des ressources, de mobiliser les États membres, les organisations intergouvernementales et non-gouvernementales, les entreprises privées, les fondations et les particuliers ; d'assurer la mise en commun transparente et responsable des ressources[438].

Administré, à l'instar des fonds précédemment évoqués, par le Bureau des fonds d'affectation spéciale multipartenaires du Programme des Nations Unies pour le développement (PNUD), le *Fonds pour la riposte à la COVID-19 et le relèvement* comprend dans sa structure de gouvernance un comité consultatif dirigé par un représentant du Secrétaire général et un Secrétariat. Si les besoins financiers du Fonds sont estimés à 2 milliards de dollars, dont 1 milliard pendant les 9 premiers mois, ce mécanisme a déjà reçu, au 1er décembre 2021, 86 221 142 millions de dollars provenant de 20 bailleurs gouvernementaux, des partenaires privés et des acteurs de la société civile [439] . Par ailleurs, les institutions internationales qui se sont associées à ce mécanisme fiduciaire sont au nombre de 32[440]. De la date de sa création

---

[437] Terms of Reference for the UN COVID-19 Response and Recovery Multi-Partner Trust Fund », p.3 disponible sur le lien suivant : http://mptf.undp.org/factsheet/fund/COV00

[438] « Terms of Reference for the UN COVID-19 Response and Recovery Multi-Partner Trust Fund », p.2

[439] « UN COVID-19 Response & Recovery Fund », http://mptf.undp.org/factsheet/fund/COV00.

[440] « Recipient United Nations Organizations within the COVID-19MPTF», http://mptf.undp.org/document/download/25008

au mois de juillet 2021, le Fonds a permis le financement de 95 projets dans 80 pays[441]. Si le nombre des organismes récipiendaires est très élevé, les dons réunis jusque-là ne laissent pas à penser que l'objectif de collecter 2 milliards de dollars sera atteint.

De tout ce qui précède, il y a lieu de soutenir que les mécanismes de coordination des activités opérationnelles des organisations internationales pour faire face aux pandémies sont d'une grande diversité. Ils consistent en des instruments programmatiques, des dispositifs organiques et des fonds fiduciaires. Par ailleurs, il est à se demander si ces modalités de coordination conduisent à l'élimination totale des contradictions dans les actions des organisations internationales et à l'instauration d'une « cohérence parfaite » dans les activités opérationnelles qu'elles mènent pour affronter les pandémies. Seule une analyse des mécanismes de coordination pourrait apporter un éclairage sur cette question.

Section 2 : L'analyse de la coordination des activités opérationnelles des organisations internationales

La coordination des activités opérationnelles devait atténuer si non éviter les risques de doubles emplois dans les actions déployées par les organisations internationales pour faire face aux pandémies. Pourtant, les risques de concurrence persistent (§1). Cela porte à s'interroger sur le rôle de l'ECOSOC dans la coordination des activités opérationnelles des institutions spécialisées impliquées dans la lutte contre les pandémies (§2). Par ailleurs, l'aménagement de ces mécanismes de coordination semble traduire l'idée que la lutte contre les pandémies porte les

[441] « UN COVID-19 Response & Recovery Fund », http://mptf.undp.org/factsheet/fund/COV00.

organisations internationales à sortir de leur « isolement fonctionnel » pour mieux s'attaquer aux défis multidimensionnels posés par ces fléaux sanitaires (§3).

§1 : La persistance des risques de concurrence

Les mécanismes institués par les organisations internationales pour coordonner leurs activités opérationnelles pour lutter contre les pandémies n'ont pas pavé la voie à l'élimination des risques de concurrence voire de double-emploi. Tout se passe comme si ces risques étaient consubstantiels aux modes opératoires des organisations internationales face aux pandémies. Cela est susceptible de nuire à la coopération technique voire politique qui est nécessaire dans le cadre de la lutte contre les pandémies et la propagation internationale des maladies infectieuses en général.

La coexistence d'un programme de l'OMS de lutte contre le VIH/sida et le Programme commun des Nations Unies sur le VIH-sida est susceptible de conduire à des interrogations et à des risques de concurrence. En effet, l'ONUSIDA est notamment chargé d'assurer au niveau mondial la direction du combat à mener contre l'épidémie. Cette responsabilité devrait faire de cette entité, le pivot institutionnel incontournable et indépassable de la cause ayant justifié sa création, en l'occurrence la lutte contre la pandémie du VIH/sida. D'ailleurs depuis son institution en 1996, l'ONUSIDA « apporte une orientation stratégique et assure la sensibilisation, la coordination et l'assistance technique requises pour catalyser et relier le leadership des gouvernements, du secteur privé et des communautés dans le but de fournir des services anti-VIH qui sauvent des vies »[442]. Ce programme produit des informations et une analyse stratégiques afin de mieux comprendre la situation du VIH-sida. S'appuyant sur des stratégies devant servir de feuille de route internationale dans la lutte contre le VIH/sida, l'ONUSIDA travaille actuellement sur la nouvelle stratégie mondiale qui vise à mettre un terme au sida en tant que menace pour la santé publique d'ici 2030 et qui comporte des objectifs mondiaux à atteindre en 2025[443].

Pourtant, l'Organisation mondiale de la Santé, un des organismes coparrainants de l'ONUSIDA, appelée par sa constitution fondatrice à agir en tant qu'autorité directrice et coordonnatrice, dans le domaine de la santé, des travaux ayant un caractère international, s'est dotée de son propre programme de lutte contre le VIH/sida. S'affirmant être « à l'avant-garde au sein du système des Nations Unies de la riposte mondiale du secteur de la santé contre le VIH/sida »[444], l'OMS a lancé ce programme spécial depuis 1986. Chargé de fournir à ses États membres un appui technique afin de les aider à renforcer les services de traitement, des soins et de prévention en impliquant l'ensemble du secteur de la santé, le programme de l'OMS a notamment pour attribution d'élaborer des politiques et des orientations techniques et normatives pour aider les pays à renforcer leurs actions en matière de VIH/sida, d'assurer un approvisionnement adéquat en médicaments contre le VIH, d'apporter des méthodes de diagnostic et

---

[442] « Qu'est ce que l'ONUSIDA», disponible sur le lien suivant https://www.unaids.org/fr/whoweare/about

[443] ONUSIDA « Stratégie internationale contre le sida après 2021 », https://www.unaids.org/fr/Global_AIDS_strategy

[444] OMS, « A propos du programme OMS de lutte contre le VIH/sida », disponible sur le lien suivant : https://www.who.int/hiv/aboutdept/fr/#:~:text=Assurer%20un%20approvisionnement%20ad%C3%A9quat%20en,traitement%20et%20de%20pr%C3%A9vention%2C%20et

d'autres ressources, de surveiller la propagation mondiale du VIH/sida et la disponibilité des services de traitement et de prévention, et de plaider en faveur d'une attention et d'un engagement accrus de la communauté internationale en ce qui concerne le VIH/sida[445]. À l'instar de l'ONUSIDA, le programme de l'OMS a développé une stratégie mondiale mobilisant l'ensemble du secteur de la santé contre le VIH/sida. La stratégie qui est en train d'être mise en œuvre couvre la période 2016-2021[446].

Si la création de l'ONUSIDA peut-être considérée comme l'exemple démontrant qu'une coordination réelle serait possible entre les acteurs institutionnels du système des Nations Unies, l'existence en parallèle du programme de l'OMS de lutte contre le sida pourrait générer des risques de concurrence sinon des duplications à un double niveau. D'abord, la coexistence de l'ONUSIDA et du programme de l'OMS entraînerait une duplication au niveau du leadership institutionnel mondial en ce qui concerne la lutte contre le VIH/Sida. D'un point de vue strictement du droit des organisations internationales, l'ONUSIDA est un organe subsidiaire du Conseil économique et social de l'ONU chargé de piloter la réponse mondiale contre le VIH/sida et que l'OMS est une institution spécialisée pourvue d'attributions internationales étendues en manière de santé publique. Ainsi, ces deux acteurs institutionnels seraient légitimes à assurer ou discuter la direction de la lutte contre le VIH/sida. En revanche, il pourrait en résulter une concurrence sur la question de savoir laquelle de ces deux instances serait la plus apte à mener le leadership institutionnel de la lutte contre cette problématique internationale de santé publique que constitue le VIH/sida.

---

[445] OMS, « A propos du programme OMS de lutte contre le VIH/sida ».
[446] OMS, «Stratégie mondiale du secteur de la santé contre le VIH, 2016-2021 », disponible sur le lien suivant : https://www.who.int/hiv/strategy2016-2021/ghss-hiv/fr/

Ensuite, sur un plan strictement opérationnel, la coexistence de l'ONUSIDA et du programme spécial de l'OMS, pourrait générer une duplication des efforts et des dépenses[447].

Par ailleurs, la mise en place des instruments de coordination par les organisations internationales pour coordonner leurs actions face aux problèmes posés par la propagation internationale des maladies infectieuses n'entraîne pas forcément l'implication simultanée de tous les secteurs d'activités nécessaires au déploiement d'une réponse multidimensionnelle et cohérente. En effet, lors de la gestion de la crise provoquée par l'épidémie à virus Ebola, la création de la Mission des Nations Unies pour l'action d'urgence face à Ebola ne semble pas avoir pu éviter un manque de symbiose entre les secteurs sanitaires et humanitaires. Dans son rapport d'évaluation intérimaire de la riposte à Ebola, le groupe d'experts a souligné que « l'intervention du système humanitaire au sens large est arrivée très tard » [448] et a constaté que « de nombreux donateurs et gouvernements, les Nations Unies et les organisations non gouvernementales n'ont compris que l'urgence sanitaire ou le système humanitaire »[449]. Si selon le rapport du Secrétaire général de l'ONU, la création de la MINUAUCE a joué un rôle de catalyseur dans la mobilisation des ressources financières et humaines nécessaires pour renforcer l'action contre la maladie et que des représentants de nombre d'entités de l'ONU ont indiqué

---

[447]Hélène DE POOTER, *Le droit international de la santé face aux pandémies : vers un système de sécurité collective sanitaire collective ?,op.cit.*, p. 233.

[448]«Groupe d'experts chargé de l'évaluation intérimaire de la riposte à Ebola », A/68/25, juillet 2015, p.8. Disponible sur le lien suivant : https://www.who.int/csr/resources/publications/ebola/ebola-panel-report-fr.pdf?ua=1

[449] A68/25, «Groupe d'experts chargé de l'évaluation intérimaire de la riposte à Ebola », ibid.

que celles-ci avaient été en mesure de collecter des fonds de manière plus efficace en mettant à profit l'élan créé par la mise en place de ce dispositif[450], la gestion globale de la crise multidimensionnelle née de cette épidémie laisse à penser que les domaines sanitaires et humanitaires ont fonctionné comme deux secteurs qui ne se comprennent pas suffisamment[451]. Avant de recommander que l'expérience de la MINUANCE ne se reproduise plus, le groupe d'experts a souligné que la création de cette mission sanitaire historique « n'aurait peut-être pas été nécessaire si le système humanitaire au sens large était intervenu à travers le Comité permanent interorganisations des Nations Unies à un stade plus précoce de la crise »[452]. Il en résulte que la création des dispositifs organiques ponctuels pour faire face aux défis posés par les maladies infectieuses pourrait entretenir de risques de concurrence avec des mécanismes institutionnels qui existent entre les organisations internationales. Tout porte à soutenir que l'expérience du dispositif de la MINUANCE ne se répéterait plus car les acteurs humanitaires qui sont réunis au sein du Comité permanent interorganisations semblent avoir compris « qu'une épidémie ne se résume pas toujours à une crise sanitaire et peut dégénérer en une grave crise humanitaire »[453].

---

[450] « Examen des enseignements tirés sur les activités de coordination menées par la Mission des Nations Unies pour l'action d'urgence contre l'Ebola (MINUAUCE) », A/70/737, 4 mars 2016, p. 6. Disponible sur le lien suivant : https://undocs.org/fr/A/70/737

[451] «Groupe d'experts chargé de l'évaluation intérimaire de la riposte à Ebola », A68/25, *op.cit.*, p.8

[452] «Groupe d'experts chargé de l'évaluation intérimaire de la riposte à Ebola », A68/25, ibid

[453] Hélène DE POOTER, « Aperçu de la coopération internationale en matière de surveillance et de riposte aux épidémies et aux pandémies », *op.cit.,* p.238.

Se fondant sur la coexistence de l'ONUSIDA et du Programme spécial de l'OMS de lutte contre le sida et le manque de coopération intersectorielle ayant caractérisé la gestion de la crise née de la maladie à virus Ebola en dépit de la création de la MINUANCE, tout laisse à penser que les mécanismes mis en place par les organisations internationales, s'ils sont appelés à favoriser la coordination de leurs actions opérationnelles face aux pandémies, n'élimineraient pas forcément tous les risques de double-emploi. Par ailleurs, il serait pertinent de se pencher sur le rôle du Conseil économique et social de l'ONU dans la coordination des activités opérationnelles des institutions spécialisées impliquées dans la lutte contre les pandémies.

§2 : Le rôle de l'ECOSOC dans la coordination des activités opérationnelles des organisations internationales

Selon l'article 63§2 de la Charte de l'ONU, le Conseil économique et social peut coordonner l'activité des institutions spécialisées en se concertant avec elles, en leur adressant des recommandations, ainsi qu'en adressant des recommandations à l'Assemblée générale et aux États membres. Cette disposition normative permet de soutenir que l'ECOSOC est particulièrement chargé d'assurer la coordination de ces institutions qui sont reliées à l'ONU par voie d'accord et qui sont dotées d'attributions internationales étendues. Selon cet article, l'ECOSOC dispose de deux moyens pour s'acquitter de sa mission coordonnatrice des activités et des programmes des institutions spécialisées : la concertation, d'une part et la recommandation, d'autre part. Si pour affronter les défis multisectoriels posés par les pandémies, les organisations internationales recourent à la mise en place des mécanismes de coordination pour mieux déployer leurs activités opérationnelles, il devient alors pertinent de s'accentuer sur le rôle que devrait jouer l'ECOSOC dans la coordination des actions des institutions spécialisées pour lutter contre les pandémies dont les conséquences socio-économiques et les impacts sur les dynamiques de développement sont énormes.

De manière générale, si l'ECOSOC a réussi à instituer en 1946 le Comité administratif de coordination devenu aujourd'hui le Conseil des chefs de secrétariat des organismes des Nations Unies pour la coordination, il est notable que l'accomplissement de ses fonctions se caractérise par « des défaillances qui sont apparues dès les premières années de fonctionnement des Nations Unies »[454]. Ces affaiblissements tiendraient au fait que « les pouvoirs et les moyens d'action qui lui ont été conférés ne sont guère à la mesure de cette tâche, du moins en ce qui concerne sa composition et la portée de ses décisions qui n'ont tout au plus que le caractère de «recommandations» [455]. En outre, l'influence de ce « mécanisme principal de coordination à l'échelle du système des Nations Unies » s'est peu à peu effacée au profit de l'Assemblée générale et de ses comités auxquels il apparait désormais subordonné[456]. Dans son rapport rendu en 2006 sur la cohérence de l'action du système des Nations Unies dans les domaines du développement, de

---

454 Francisca AGUAYO ARMIJO, « *La coordination entre organisations internationales en matière de reconstruction post-conflit* », *op.cit.*, p. 160.

455 Micheline PAUNET, « L'Ecosoc s'apprête à une refonte des activités de l'ONU », Le Monde *diplomatique*, septembre 1964, p.11. Consulté le 08 octobre 2020. Disponible sur le lien suivant : https://www.monde-diplomatique.fr/1964/09/PAUNET

456 Jean François MARCHI, « L'article 63 », *in La Charte des Nations Unies, commentaire article par article*, Jean Pierre COT, Alain PELLET et Mathias FORTEAU, 3e édition, Paris, Economica, 2005, p.1656.

l'aide humanitaire et de la protection, le groupe de haut niveau a souligné que :

> « Le Conseil ne s'acquitte que d'une petite partie du vaste mandat qui est le sien. Malgré de nombreuses tentatives faites pour renforcer son rôle, il continue d'être dépourvu d'efficacité et d'influence. Le contrôle qu'il exerce sur les fonds et les programmes demeure superficiel, pour devenir quasi inexistant s'agissant des organismes. Le Conseil devrait améliorer ses fonctions opérationnelles et de coordination à l'égard de l'ensemble du système »[457].

Face au risque d'effacement de cette instance dont le rôle est pourtant vital pour la cohésion du système institué par la Charte de San Francisco, l'Assemblée générale a adopté en 2006 la résolution 61/16 portant sur le « Renforcement du Conseil économique et social ». Dans ce texte normatif, l'organe plénier de l'ONU a réaffirmé le rôle que la Charte des Nations Unies et l'Assemblée générale lui ont confié et a souligné qu'il « faut renforcer l'efficacité de ses travaux en tant que principal organe responsable [notamment] de la coordination, de l'examen des politiques, de la concertation et de la formulation de recommandations pour les questions relatives au développement économique ».

Cela exposé, il ne fait pas de doute que le Conseil économique et social de l'ONU a un rôle crucial à jouer dans la coordination des programmes et des activités des institutions spécialisées dans la lutte contre les pandémies. Cet organe est amené à s'acquitter de son mandat en se concertant avec les institutions internationales pertinentes

---

[457] « Unis dans l'action», Rapport du Groupe de haut niveau sur la cohérence de l'action du système des Nations Unies dans les domaines du développement, de l'aide humanitaire et de la protection de l'environnement, A/61/583, 20 novembre 2006, §58.

ou en leur adressant des recommandations. Par le truchement de celles-ci, le Conseil pourrait proposer des moyens pour renforcer l'efficacité des mécanismes de coordination établis par les institutions spécialisées afin de faciliter un cadre propice à la complémentarité de leur action. Si l'importance du travail de l'ECOSOC devait prendre une dimension toute particulière dans la question des pandémies, les données disponibles ne permettent pas de soutenir que cette instance de haut niveau chargée de favoriser les activités des différents secteurs impliqués dans la réponse aux pandémies a exercé de manière systématique et prononcée un rôle de coordination des actions des institutions spécialisées.

L'une des manifestations les plus évidentes mettant en relief les tentatives du Conseil économique et social de coordonner les activités opérationnelles des institutions internationales dans la lutte contre les pandémies réside en la création en 1994 du Programme commun des Nations Unies sur le VIH/sida. En effet, l'ECOSOC après avoir pris note « des décisions prises » par 6 organismes du système des Nations Unies d'envisager la mise en place d'un programme conjoint pour mener de manière concertée la lutte contre le VIH/sida et après avoir souligné « l'urgente nécessité de mobiliser pleinement tous les organismes des Nations Unies et d'autres partenaires du développement dans l'action mondiale menée contre le VIH/sida de manière coordonnée et conformément aux avantages comparatifs de chaque organisme » [458], a approuvé la création dudit programme. L'implication de l'ECOSOC dans la mise en place de l'ONUSIDA rend compte de son

[458] Conseil économique et social, « Programme des Nations Unies conjoint et mené de concert pour lutter contre le virus d'immunodéficience humaine/syndrome d'immunodéficience acquise (VIH/sida) », Résolution E/RES/1994/24, 26 juillet 1994, alinéa 5 du préambule

rôle dans la coordination des activités opérationnelles des institutions spécialisées dans la lutte contre les pandémies. Toutefois, la coexistence du Programme de lutte contre le VIH/sida de l'OMS et de l'ONUSIDA est susceptible de mettre en lumière une certaine lacune dans la coordination des programmes et des activités des institutions spécialisées dont la responsabilité est statutairement confiée à l'ECOSOC[459]. Pour ce qui concerne les activités des organisations internationales dans la lutte contre les pandémies de grippe et le virus à maladie Ebola, la coordination, qui se cristallise notamment par la mise en place des moyens programmatiques, des dispositifs organiques et des fonds fiduciaires, résulte généralement d'un accord entre les institutions internationales concernées[460]. Elle peut également résulter d'une initiative ou d'une décision unilatérale du Secrétaire général de l'ONU[461]. Il en résulte que la fonction de l'ECOSOC dans la coordination des activités opérationnelles relatives à la lutte contre les pandémies serait concurrencée par le développement du rôle d'impulsion exercé par le chef du Secrétariat de l'ONU dans l'accomplissement de ces responsabilités.

Par ailleurs, l'institution par l'ECOCOC du Comité administratif de coordination (CAC) devenu en 2001 le Conseil des chefs de secrétariat des organismes des Nations Unies pour la coordination n'a pas permis à cet organe principal de l'ONU de s'ériger en un acteur institutionnel

---

[459]Hélène DE POOTER, *Le droit international de la santé face aux pandémies : vers un système de sécurité collective sanitaire collective ?,op.cit.*, p. 233.

[460] C'est notamment le cas du réseau mondial d'expertise commun sur l'influenza aviaire (OFFLU) mis en place par l'OIE et la FAO et du système mondial d'alerte rapide pour les maladies animales y compris les zoonoses (GLEWS) établi par l'OMS, l'OIE et la FAO.

[461] La plupart des fonds fiduciaires ont été institués sous l'initiative du Secrétaire général.

incontournable dans la coordination interinstitutions en matière de lutte contre les pandémies. Les compétences « limitées » qui sont attribuées à l'ONU en matière de coordination par la Charte de San Francisco seraient aussi à prendre en compte dans les éléments à mobiliser pour expliquer la timidité dont fait montre le Conseil dans l'exercice de son mandat[462]. D'ailleurs, le Conseil ne peut exercer ces compétences que par le moyen des recommandations et celui des accords conclus en vertu de l'article 63 de la Charte.

En somme, l'analyse des mécanismes de coordination des activités opérationnelles des organisations internationales donne à penser que des risques de concurrence voire de double emploi persistent dans les actions déployées par celles-ci pour faire face aux pandémies. À cela s'ajoute le fait que le Conseil économique et social, doté d'un rôle crucial dans la coordination des programmes et des activités des organisations internationales, n'exerce que de manière marginale ses compétences limitées en la matière. Par ailleurs, si les organisations internationales ont pu aménager des mécanismes en vue de coordonner leurs actions face aux pandémies, cela traduit l'idée que la lutte contre celles-ci semble les porter à sortir de leur « isolement fonctionnel » pour mieux s'attaquer aux défis multidimensionnels posés par ces fléaux sanitaires.

---

462 Georges FISCHER, « Coordination en matière d'assistance technique de l'O.N.U. et des Institutions spécialisées. *Annuaire français de droit international*, volume 1, 1955. p. 359.

§3 : Le dépassement de « l'isolement fonctionnel » des organisations internationales dans la lutte contre les pandémies

Le fonctionnement des organisations internationales repose sur un principal cardinal. C'est celui de la spécialité. Celui-ci traduit l'idée qu'une organisation internationale est « pourvue d'un objet social », et « pour lui permettre de remplir cet objet, elle a des attributions que lui confère son acte constitutif »[463]. Selon la Cour internationale de Justice, il s'agit « d'un principe général » selon lequel les organisations sont dotées de « compétences d'attribution dont les limites sont fonction des intérêts communs que les membres leur donnent pour mission de promouvoir »[464]. Caractéristique commune à toutes les organisations internationales, la spécialité signifie « l'affectation d'une structure à un but d'intérêt commun, affectation qui implique la limitation des compétences »[465]. Ainsi, dotée d'un « mandat spécialisé »[466], chaque organisation a son domaine d'activité, c'est-à-dire son propre périmètre de compétence. Autrement dit, ces sujets dérivés du droit international semblent avoir été façonnés pour fonctionner a priori de façon isolée[467].

---

463 Avis consultatif, du 8 décembre 1927, *Compétence de la Commission européenne du Danube*, CPJI, série B, n° 14, p.64.

464 Avis consultatif du 8 juillet 1996, *Licéité des armes nucléaires par un État dans un conflit armé,* §26 .p80 et §25, p.78

465Charles CHAUMONT, « *La signification du principe de spécialité des organisations internationales* », in Problèmes de droit des gens. Mélanges offerts à Henri Rolin, Paris, Pédone, 1964. p.58.

466 Francisca AGUAYO ARMIJO, « *La coordination entre organisations internationales en matière de reconstruction post-conflit* », *op.cit.*, p. 65

467 Vincent TOMKIEWICK, « Concurrence, chevauchements de compétences et coordination entre organisations internationales», *op.cit.*, p. 892.

Or, cette « sectorialisation »[468] qui constitue l'identité fonctionnelle de l'organisation internationale peut soulever des difficultés quand celle-ci doit affronter des problèmes qui comportent des dimensions interdépendantes et qui constituent un défi commun à toutes les zones d'activité de la vie internationale. C'est justement le cas des pandémies. D'une part, les facteurs qui sont susceptibles de les générer sont à appréhender à l'aune de l'interconnexion croissante qui existe de plus en plus entre les facteurs environnementaux, la santé animale et la santé humaine. D'autre part, les conséquences engendrées par les pandémies ont un caractère multisectoriel et touchent tous les domaines d'activités des organisations internationales. Dès lors, bien que les pandémies révèlent avant tout du secteur de la santé publique, on ne peut pas soutenir que l'OMS serait la seule institution internationale compétente pour lutter contre les pandémies. Bien qu'elle dispose d'attributions internationales étendues, la fonction de l'OMS ne la prédispose pas, par exemple, à agir dans le secteur de l'économie ou de l'aviation, alors que ces secteurs qui relèvent des compétences que les États ont attribuées à d'autres organisations internationales, subissent également les conséquences des pandémies.

Or, il n'existe pas une organisation internationale dont « l'objet social » serait de lutter spécifiquement contre les pandémies. Dès lors, toutes les organisations internationales sont appelées à entreprendre des actions pour lutter contre celles-ci dans leur secteur d'activité. Mais, l'inconvénient est que les problèmes entraînés par celles-ci sont d'une nature interdépendante voire intégrée. Par conséquent, non seulement l'action isolée des organisations internationales risque de ne prendre en

---

[468] Pierre DE SENARCLENS, « Les Organisations internationales face aux défis de la mondialisation », « *Revue internationale des sciences sociales* » 2001/ 4 n° 170, p.565.

compte qu'une seule dimension des problèmes posés par les pandémies, mais également elle risque de déboucher sur des doubles emplois, des contradictions et des lacunes.

Pour que les organisations ne s'ignorent pas dans les réponses matérielles qu'elles déploient dans la lutte contre les pandémies et pour se mettre à la hauteur des « défis transsectoriels» que celles-ci génèrent, ces sujets institués du droit international sont appelés à dépasser l'isolement étant sensé caractérisé leur fonctionnement et à épouser une démarche complémentaire dans les actions à entreprendre face aux pandémies. Dans cet ordre d'idées, les mécanismes de coordination institués par les organisations internationales pourraient être envisagés comme la prise en compte de la nécessité de sortir de leur « isolement fonctionnel » pour mieux affronter les crises nées des pandémies. Par ailleurs, la mise en place de ces mécanismes ne semble pas participer d'une vision stratégique globale de lutte contre les pandémies.

Conclusion du chapitre II

De tout ce qui précède, il résulte que les organisations internationales, pour éviter des doubles emplois, des contradictions et des lacunes dans les actions qu'elles déploient face aux pandémies, sont appelées à coordonner leurs activités opérationnelles. Cette coordination passe notamment par l'institution des moyens programmatiques comme l'ONUSIDA, par la création des dispositifs organiques comme la MINUANCE et par la mise en place des fonds fiduciaires comme le *Fonds pour la riposte à la COVID-19 et le relèvement*. L'analyse de ces mécanismes de coordination permet toutefois de relever que des risques de chevauchement persistent dans les actions des organisations internationales face aux pandémies. Elle permet par ailleurs de mettre en relief le rôle central assigné au Conseil économique et social de l'ONU dans la coordination des programmes et des activités des organisations internationales. Mais cet organe ne remplit sa compétence que de manière minimaliste en raison du fait que ses pouvoirs d'action demeurent marginaux.

Conclusion de la partie II

En somme, les pandémies créent des besoins dans toutes les sphères d'activité de la vie internationale et entraînent des conséquences multidimensionnelles. Pour agir contre ces événements sanitaires extraordinaires, les organisations internationales, tout en demeurant dans la limite des intérêts communs dont ils sont spécifiquement chargés de promouvoir, semblent déployer une réponse qui prend en compte le caractère transversal du phénomène pandémique et qui se situe dans une double démarche.

D'abord, les organisations internationales développent une coopération normative entre elles dans la lutte contre les pandémies. Fondée notamment sur leurs actes constitutifs, cette coopération normative se concrétise par la conclusion des accords de coopération entre les organisations internationales et par la création de normes dans une dynamique conjointe. En outre, cette collaboration normative semble avoir pavé la voie à une harmonisation normative qui se manifeste, d'une part, par la prise en compte des normes sanitaires par l'OMC et, d'autre part, par la mise en conformité des normes et pratiques recommandées de l'OACI avec le RSI.

Ensuite, la lutte contre les pandémies conduit les organisations internationales à coordonner leurs actions opérationnelles. En effet, cette coordination, qui se justifie par la nécessité d'éviter des contradictions dans leurs actions face aux pandémies, se réalise notamment par la mise en place des moyens programmatiques, des dispositifs organiques et des fonds fiduciaires. Toutefois, si cette coordination devait garantir la cohérence de la riposte des organisations internationales aux pandémies, elle se fragilise par les pouvoirs d'action marginaux confiés à l'ECOSOC. Ce qui nuit à la logique du système global envisagé par la Charte des Nations Unies. Par ailleurs, bien qu'elles se limitent aux intérêts communs dont elles sont spécifiquement chargées de promouvoir, les organisations internationales, en instituant des mécanismes de coordination, semblent vouloir dépasser leur « isolement fonctionnel » pour mieux mener la riposte pandémique.

Conclusion générale

La question posée dans l'introduction de cette étude était de savoir comment les organisations réagissent-elles aux pandémies. À l'issue de ce travail de recherche, il est permis de soutenir que la riposte des organisations internationales aux pandémies, est marquée par une double adaptation. Du fait des implications multidimensionnelles et des répercussions transversales de ce problème international de santé publique, cette riposte amène également les organisations internationales à développer une coopération normative et à coordonner leurs activités opérationnelles.

Dans un premier temps, il a été démontré que les organisations internationales agissent contre les pandémies dans un cadre doublement adapté.

D'une part, les organisations internationales peuvent adapter leurs méthodes de travail pour faire face aux situations inédites entraînées par les pandémies. Cette adaptation s'est illustrée à travers l'exemple de l'ONU dont les organes principaux ont adopté de nouvelles méthodes de travail pour faire face aux situations exceptionnelles créées par la pandémie de COVID-19. En effet, l'Assemblée générale a adopté une procédure d'approbation tacite qui lui a permis d'adopter un ensemble de décisions et de résolutions au cours de la pandémie. Elle a également établi des procédures spéciales pour la tenue, sans séance plénière, des élections au sein de l'organisation. Elle a aussi fixé des règles particulières pour l'organisation du débat général de la soixante-quinzième session ordinaire et de ses réunions de haut niveau. L'analyse notamment de la procédure d'approbation tacite adoptée par l'Assemblée générale révèle qu'elle a effectivement permis à cet organe d'assurer la continuité de ses travaux et de s'acquitter de ses responsabilités pendant la période pandémique. Toutefois, la mise en œuvre de cette procédure dite « sous silence », qui ne constitue pas une méthode de travail révolutionnaire au sein de l'ONU, a accusé certaines faiblesses en ce qu'elle ne semble pas avoir favorisé les consultations habituelles avant l'adoption des résolutions, qu'elle a ouvert la voie à un seul État membre de pouvoir bloquer l'adoption d'une résolution et qu'elle semble avoir soumis les États membres à une logique procédurale « à prendre ou à laisser ». Pour sa part, le Conseil de sécurité, s'est adapté aux situations sans précédent entraînées par la pandémie en adoptant une procédure écrite de vote pour adopter des résolutions et en recourant au système de visioconférences afin d'organiser des réunions virtuelles. Si le recours à cette méthode de travail semble pouvoir revêtir d'une dimension historique et s'il a effectivement permis au Conseil de sécurité de poursuivre ses travaux pendant la pandémie, sa mise en œuvre a accusé toutefois des limites. Elles portent notamment sur le fait que la visioconférence n'a pas facilité le respect du multilinguisme qui demeure une valeur fondamentale dans le fonctionnement de l'ONU. Il est à souligner également que les organes intégrés de l'ONU comme le Secrétariat général et la Cour internationale de Justice ont adopté des méthodes de travail particulières et ont recouru notamment aux modalités de télétravail pour affronter les défis induits par la pandémie de la COVID-19.

D'autre part, les organisations internationales sont susceptibles d'adapter leurs réponses normatives et opérationnelles pour faire face aux défis communs provoqués par les pandémies. Cette adaptation s'est s'illustrée notamment par les actions normatives de l'OMS qui a révisé le RSI en 2005 et adopté le Cadre PIP en 2011. Elle se manifeste également par les actions normatives de l'ONU. À ce propos, l'Assemblée générale des Nations Unies et le Conseil de sécurité ont adopté de nombreuses résolutions pour permettre à l'organisation d'être en mesure d'affronter les défis générés par les pandémies. Pour se limiter à la pandémie de COVID-19, l'Assemblée générale, en se fondant sur les fonctions et pouvoirs que lui reconnaît la Charte des Nations Unies, a adopté, tout au moins, 4 résolutions dans le cadre de la riposte internationale à la pandémie. Pour sa part, le Conseil de sécurité, en s'appuyant sur l'élargissement des situations pouvant menacer la paix et la sécurité internationales, a adopté des textes normatifs pour faire face aux pandémies. C'est le cas, par exemple, de la résolution 2552 (2020) du 1er juillet 2020 dans laquelle le Conseil a jugé que « l'ampleur sans précédent de la pandémie de COVID-19 risque de menacer le maintien de la paix et de la sécurité internationales ». Par ailleurs, l'adaptation de la réponse des organisations internationales aux pandémies ne se limite pas uniquement aux actions normatives. Elle s'étend également aux activités opérationnelles. C'est dans cette perspective que des organisations internationales comme l'ONU, l'OMS, le groupe de la Banque mondiale et le FMI ont fourni leur assistance aux États membres dans le but de les aider à affronter les conséquences désastreuses résultant de la pandémie de COVID-19 sur le plan socio-économique et financier.

Dans un second temps, il a été démontré que, compte tenu des implications multidimensionnelles et des répercussions transversales entraînées par les pandémies, la riposte des organisations internationales se caractérise également par une coopération normative et par la coordination de leurs activités opérationnelles.

D'abord, les organisations internationales peuvent développer une coopération normative dans le cadre de la lutte contre les pandémies. Fondée notamment sur leurs actes constitutifs, cette coopération normative se concrétise par la conclusion des accords de coopération entre les organisations internationales. À cet effet, il y a lieu de citer en exemple les accords de coopération conclus entre l'OMS et l'OIE en date du 16 décembre 2004 par lequel ces deux organisations ont décidé de coopérer étroitement pour les questions d'intérêt commun relevant de leurs domaines de compétence respectifs. On pourrait également se référer au Protocole d'accord signé le 30 mai 2018 entre l'OMS, le FAO et l'OIE par lequel ces organisations ont décidé de poursuivre des buts et des objectifs partagés au sujet du développement et de la mise en œuvre des approches multisectorielles face aux défis sanitaires complexes liés à l'interface entre les hommes, les animaux et les écosystèmes. Cette coopération normative se caractérise également par la création de directives normatives de manière conjointe. Cela peut notamment être illustré par l'action réglementaire du *Codex Alimentarius*, qui est une commission conjointe FAO/OMS. Par ailleurs, cette collaboration normative semble avoir pavé la voie à une harmonisation normative qui se manifeste, d'une part, par la prise en compte des normes sanitaires par l'OMC et, d'autre part, par la mise en conformité des normes et pratiques recommandées de l'OACI avec le RSI.

Ensuite, la réponse des organisations internationales aux pandémies est marquée par la coordination de leurs activités opérationnelles. En effet, envisagée dans le but d'éviter des doubles-emplois dans leurs actions face aux pandémies, cette coordination se matérialise par la mise en place des programmes communs comme l'ONUSIDA, la création des dispositifs organiques comme la MINUANCE et par l'institution des fonds fiduciaires comme le Fonds pour la riposte à la COVID-19 et le relèvement. Toutefois, si cette coordination paraît être fragilisée par les pouvoirs d'action marginaux confiés à l'ECOSOC dont le rôle est pourtant d'une grande importance. Destinée à éviter des contradictions dans les actions des organisations internationales face aux pandémies, cette coopération semble aboutir à une « inflation des initiatives interinstitutionelles »[469]. Ce qui nuit à la logique du système global envisagé par la Charte des Nations Unies. Par ailleurs, l'institution de ces mécanismes de coordination signifierait que les organisations internationales tenteraient de sortir de leur « isolement fonctionnel » pour mieux réagir aux pandémies.

En définitive, il découle de ce travail de recherche que les organisations internationales sont appelées à déployer de nouvelles méthodes de travail, des actions substantielles et des mécanismes de coopération et de coordination pour réagir aux pandémies et s'adapter aux circonstances et aux besoins créés par celles-ci. Il serait par ailleurs intéressant de s'interroger sur la manière dont cette réponse institutionnelle a effectivement contribué à lutter efficacement contre les pandémies dans une société internationale contemporaine totalement décentralisée marquée également par des disparités de puissance et des inégalités de fait.

---

[469] Hélène DE POOTER, *Le droit international de la santé face aux pandémies: vers un système de sécurité collective sanitaire collective?*, *op.cit.*, p.473.

BIBLIOGRAPHIE

OUVRAGES GÉNÉRAUX

BELANGER Michel, *le droit international de la santé*, Paris : Presses Universitaires de France. Collection. Que sais-je ?, 1997, 127 p.

CROUZATIER Jean-Marie, *Droit international de la santé,* Paris : édition des archives contemporaines, 2009, 136 p.

COT Jean Pierre, PELLET Alain et FORTEAU Mathias, *la Charte des Nations Unies, commentaire par article*, 3e édition, Paris, Economica, 2005, 1366 p.

DUPUY Pierre-Mary et KERBRAT Yann, *Droit international public*, 13e édition, Paris : édition Dalloz, 2016, 920 p.

ERIC David, *Droit des organisations internationales,* Bruxelles, éditions bruylant, 2016, 829 p.

FERRAUD-CIANDET Nathalie, Protection de la santé et sécurité alimentaire en Droit international, Bruxelles, éditions Larcier, 2009, 325 p.

LAGRANGE Evelyne et SOREL Jean-Marc (dir.), *Traité de droit des organisations internationales*, Paris, LGDJ, Lextenso éditions, 2013, 1197 p.

LE FLOCH Guillaume et FLEURY GRAFF Thibaut (dir.) *Santé et droit international*, colloque de Rennes de 2018 de la Société Française pour le Droit International, Paris, éditions A.Pédone, 2019, 510 p.

MALJEAN-DUBOIS Sandrine et MEHDI Rostane (dir.), *La société internationale et les grandes pandémies*, colloque des 8 et 9 décembre 2006, Quatorzièmes rencontres internationales d'Aix- en-Provence, Paris, éditions A. Pédone, 2006, 215 p.

VIRALLY Michel, *Le droit international en devenir : Essais écrits au fil des ans*. Genève : Graduate Institute Publications, 1990, 468 p.

OUVRAGES SPÉCIAUX : MONOGRAPHIES ET THÈSES

DE POOTER Hélène, *Le droit international de la santé face aux pandémies : vers un système de sécurité collective sanitaire collective ?,* Paris, éditions A. Pedone, 2015, 562 p.

AGUAYO ARMIJO Francisca, *La coordination entre organisations internationales en matière de reconstruction post-conflit*. Thèse Paris I Panthéon-Sorbonne, 2017, 689 p.

CONTRIBUTIONS À UN OUVRAGE COLLECTIF

BASTID Suzanne, « Sur quelques problèmes juridiques de coordination dans la famille des Nations Unies », in *Le droit international : unité et diversité. Mélanges offerts à Paul Reuter*, Bardonnet (D.) et al. (dir.), Paris, Pédone, 1981, pp. 75-101.

CAHIN Gérard, « La variété des fonctions imparties aux organisations internationales », *in Traité de droit des organisations internationales*, Evelyne LAGRANGE et Jean-Marc SOREL (dir.) Paris, LGDJ, Lextenso éditions, 2013, pp. 671-704.

CHAUMONT Charles, « La signification du principe de spécialité des organisations internationales », pp. 55-66, in *Problèmes de droit des gens. Mélanges offerts à Henri Rolin*, Paris, Pédone, 1964, lxx-536 p.

CHEMAN Régis, « Procédures, Article 28 », *in La Charte des Nations Unies, Commentaire article par article*, Jean Pierre COT, Alain PELLET et Mathias FORTEAU, 3e édition, Paris, Économica, 2005, pp 959-973.

D'ARGENT Pr. Pierre et *al.* « Chapitre VII. Action en cas de menace contre la paix, de rupture de la paix et d'acte d'agression. Article 39 », *in La Charte des Nations Unies, Commentaire article par article*, Jean Pierre COT, Alain PELLET et Mathias FORTEAU, 3e édition, Paris, Économica, 2005, pp 1131-1170.

D'ARGENT Pierre, « La personnalité juridique internationale de l'organisation internationale », in *Traité de droit des organisations internationales*, Evelyne LAGRANGE et Jean-Marc SOREL (dir.), Paris, LGDJ, Lextenso éditions, 2013, pp. 439-464.

DE POOTER Hélène, « Aperçu de la coopération internationale en matière de surveillance et de riposte aux épidémies et aux pandémies », *Santé et droit international*, Guillaume LE FLOCH et Thibaut FLEURY GRAFF (dir.), colloque de Rennes de 2018 de la Société Française pour le Droit International, Paris, éditions A. Pédone, 2019, pp.225-245.

DOUMBE-BILLE Stéphane, « Fonctions et pouvoirs, Article 10 » ,in *La Charte des Nations Unies, Commentaire article par article*, Jean Pierre COT, Alain PELLET et Mathias FORTEAU, 3e édition, Paris, Economica, 2005, pp.641-654.

LE FLOCH Guillaume, Santé et Droit international, l'ébullition permanente, in Guillaume LE FLOCH et Thibaut FLEURY GRAFF (dir.) *Santé et droit international*, colloque de Rennes de 2018 de la Société Française pour le Droit International, Paris, éditions A.Pédone, 2019, pp.7-47.

KLEIN Pierre « Les compétences et pouvoirs de l'organisation internationale », in *Traité de droit des organisations internationales*, Evelyne LAGRANGE et Jean-Marc SOREL (dir.), Paris, LGDJ, Lextenso éditions, 2013, pp. 714-734.

LAGRANGE Evelyne, « La catégorie "organisation internationale" », in *Traité de droit des organisations internationales*, Evelyne LAGRANGE et Jean-Marc SOREL (dir.), Paris, LGDJ, Lextenso éditions, 2013, », pp. 35-70.

LAVAL Pierre-François, « Les activités opérationnelles, du Conseil à l'Administration du territoire », in *Traité de droit des organisations internationales*, Evelyne LAGRANGE et Jean-Marc SOREL (dir.), Paris, LGDJ, Lextenso éditions, 2013, pp. 766-795.

ROBERT-CUENDET Sabrina, « L'exception de santé dans la jurisprudence de l'organe de Règlement des différends de l'OMC », in *Santé et droit international,* Guillaume LE FLOCH et Thibaut FLEURY GRAFF (dir.) colloque de Rennes de 2018 de la Société Française pour le Droit International, Paris, éditions A. Pédone, 2019, pp.184-205.

MARCHI Jean François, « L'article 63 », *in La Charte des Nations Unies, Commentaire article par article*, Jean Pierre COT, Alain PELLET et Mathias FORTEAU, 3e édition, Paris, Economica, 2005, p.1656.

MEHDI Rostane, « Article 13 Paragraphe 1 (b) », *in La Charte des Nations Unies, Commentaire article par article*, Jean Pierre COT, Alain PELLET et Mathias FORTEAU, 3e édition, Paris, Economica, 2005, pp. 723-741.

PELLET Alain, *L'adaptation du droit international aux besoins changeants de la société internationale,* Recueil (tome 329) des cours de l'Académie de Droit International de la Haye, conférence inaugurale, 2007. pp.13-47.

POULAIN Michel, « Le Règlement sanitaire international de l'OMS », in *Traité de droit des organisations internationales*, Evelyne LAGRANGE et Jean-Marc SOREL (dir.), Paris, LGDJ, Lextenso éditions, 2013, pp. 756-765.

SALMON Jean, « Rapport introductif », in *La société internationale et les grandes pandémies*, Rostane MEHDI, Sandrine MALJEAN-DUBOIS (dir.), pp. 13-46.

SIEVERS Loraine and DAWS Sam, « 14-day interval between Council meetings, as per Rule 1, during the time of COVID-19 », in « *The procedure of The Un Security Council* », 4th Edition Oxford University Press, Oxford, 2014, p.235

SOREL Jean Marc, « L'institutionnalisation des relations internationales », *Traité de droit des organisations internationales*, Evelyne LAGRANGE et Jean-Marc SOREL (dir.), Paris, LGDJ, Lextenso éditions, 2013, pp.11-34.

TOMKIEWICK Vincent, « Concurrence, chevauchements de compétences et coordination entre organisations internationales », in *Traité de droit des organisations internationales*, Evelyne LAGRANGE et Jean-Marc SOREL (dir.), Paris, LGDJ, Lextenso éditions, 2013, pp. 891-920.

ARTICLES ET RAPPORTS

ARTICLES

BALMOND Louis, « Le Conseil de sécurité et la crise d'Ebola : entre gestion de la paix et pilotage de la gouvernance globale », *Questions de droit international*, décembre 2014, 25 p.

BALMOND Louis « Le Conseil de Sécurité des Nations Unies face à la pandémie de Covid-19 : pourquoi ce silence ? », *Paix et sécurité européenne et internationale,* 27 juin 2020, n° 14, 12 p.

BENKIMOUN Paul, « Riposte aux épidémies : l'urgence d'une réforme de l'OMS », *Les Tribunes de la santé*, 2016/2 n° 51 pp.73 à 79.

CONTINI Paolo, « Méthodes de coordination des activités des différentes organisations internationales et travaux d'équipes entre celles-ci », *Revue de droit uniforme*, 1973, no 2. pp 39-63.

DE SENARCLENS Pierre, « Les organisations internationales face aux défis de la mondialisation », « *Revue internationale des sciences sociales* » 2001/ 4 n° 170, pp. 559 -572.

HOPPE Dominique, « Vers une technocratie monoculturelle. Qui défend le français à l'ONU ?, *Le Monde Diplomatique*, octobre 2012, p.8.

GEORGES Fischer, « Coordination en matière d'assistance technique de l'O.N.U. et des Institutions spécialisées », *Annuaire français de droit international*, volume 1, 1955. pp. 358-363.

KLEIN Pierre, « Les organisations internationales face au Sida, *Revue Belge de Droit International,* 1190, n° 1, pp.152 à 170.

LEWIN André, « La coordination au sein des Nations Unies — Mission impossible ? », *Annuaire français de droit international*, volume 29, 1983. pp. 9-22.

PAUNET Micheline, « L'Ecosoc s'apprête à une refonte des activités de l'ONU », Le Monde *diplomatique*, septembre 1964, p.11

POULAIN Michèle, « Urgence sanitaire et Droit international, *Actualité et droit international*, mars 2002, 11 p.

MAUREL Raphaël, « L'(in) activité du Conseil de sécurité face au covid-19 : où est confinée la "communauté" internationale ? », *Revue des Droits et des Libertés fondamentales*, 2020, n° 18, p.12.

NESI Giuseppe, «The United Nations principal political organs and the universal pandemic: How to meet, negotiate and deliberate under new, extraordinary and exceptional circumstances'? », *Questions of international law*, Jun 2020, 16 p.

RAPPORTS

« Agenda pour la paix : Diplomatie préventive, rétablissement pour la paix et maintien de la paix », Rapport présenté par le Secrétaire général de l'ONU en application de la déclaration adoptée par la Réunion au sommet du Conseil de sécurité le 31 janvier 1992. A/47/277, 17 juin 1992, 27 p.

A/59/565, « Rapport du groupe de personnalités de haut niveau sur les défis, les menaces et les changements : Un monde plus sûr : notre affaire à tous », 2 décembre 2004, 109 p.

« Unis dans l'action », Rapport du Groupe de haut niveau sur la cohérence de l'action du système des Nations Unies dans les domaines du développement, de l'aide humanitaire et de la protection de l'environnement, A/61/583, 20 novembre 2006, 78 p.

Corps commun d'inspection, « Situation du multilinguisme dans les Organismes du système des Nations Unies », rapport JIU/REP/2011/4 d Genève, 2011, 65 p.

Sénat de la République française, « Rapport d'information n° 638 (2011-2012), les nouvelles menaces des maladies infectieuses émergentes », KELLER Fabienne, 5 juillet 2012.

OMS, « Groupe d'experts chargé de l'évaluation intérimaire de la riposte à Ebola », A/68/25, juillet 2015, 30 p.

ONU, « Examen des enseignements tirés sur les activités de coordination menées par la Mission des Nations Unies pour l'action d'urgence contre l'Ebola (MINUAUCE) », A/70/737, 4 mars 2016, 26 p.

WHO, « Report of the Review Committee on the Role of the International Health Regulations (2005) in the Ebola Outbreak and Response », A69/21,13 mai 2016, 87 p.

Assemblée générale de l'ONU, « Protéger l'humanité contre les crises sanitaires futures. Rapport du Groupe de haut niveau sur l'action mondiale face aux crises sanitaires ». 9 février 2016, 109 p.

Assemblée mondiale de la santé, « Examen du Cadre de préparation en cas de grippe pandémique. Rapport du Directeur général », A70/17, 10 avril 2017, p.107.

Assemblée générale de l'ONU, « Rapport de l'Équipe spéciale pour les crises sanitaires mondiales », A/72/113, juin 2017, 27 p.

Conseil mondial de suivi de la préparation. « Un monde en péril – Rapport annuel sur l'état de préparation mondial aux situations d'urgence sanitaire ». Genève, Organisation mondiale de la Santé, septembre 2019, 48 p.

Assemblée mondiale de la santé « Rapport annuel sur l'application du Règlement sanitaire international (2005). Rapport du Directeur général », A/73/14, 12 mai 2020, 10 p.

DOCUMENTS OFFICIELS

LES ACTES CONSTITUTIFS DES ORGANISATIONS INTERNATIONALES

La Charte des Nations Unies.

La Constitution de l'Organisation mondiale de la Santé.

Le Constitution de l'Organisation internationale du Travail.

La convention relative à l'Aviation civile internationale.

L'Accord de Marrakech instituant l'Organisation mondiale du Commerce.

Le Statut de l'Organisation des Nations Unies pour l'Alimentation et l'Agriculture.

La Convention de l'Organisation Météorologique Mondiale.

L'Arrangement international créant l'Office International des Épizooties.

LES ACCORDS ENTRE LES ORGANISATIONS INTERNATIONALES

L'Accord du 17 juillet 1948 entre l'OMS et la FAO, à consulter sur le lien suivant : https://apps.who.int/gb/bd/PDF/bd48/basic-documents-48th-edition-fr.pdf?ua=1

L'Accord du 24 mai 2004 entre l'OIE et la FAO, à consulter sur le lien suivant : https://www.oie.int/fr/a-propos/principaux-textes/accords-de-cooperation/accord-entre-lorganisation-des-nations-unies-pour-lalimentation-et-lagriculture-et-loffice-international-des-epizooties/

L'Accord signé du 4 mai 1998 entre l'OIE et l'OMC, à consulter sur le lien suivant : https://www.oie.int/fr/a-propos/principaux-textes/accords-de-cooperation/accord-entre-lorganisation-mondiale-du-commerce-et-loffice-international-des-epizooties/

Le Protocole d'accord du 30 mai 2018 entre l'OMS, le FAO et l'OIE, à consulter sur le lien suivant :https://www.oie.int/fileadmin/Home/eng/Media_Center/docs/pdf/onehealthportal/MoU_Tripartite_Signature_May_30_2018.pdf

RESOLUTIONS

LES RESOLUTIONS DE L'OMS

WHA34/24, « Signification de l'action de santé internationale de l'OMS menée au plan de la coordination et de la coopération technique », 1981.

WHA 40.26, « Stratégie mondiale de lutte contre le SIDA », 15 mai 1987.

WHA58.3, « Révision du Règlement sanitaire international », 23 mai 2005.

WHA64.5, « Cadre de Préparation en cas de grippe pandémique : échange des virus grippaux et accès aux vaccins et autres avantages », 24 mai 2011.

WHA73.1, « Riposte à la COVID-19 », 19 mai 2020.

LES RESOLUTIONS DE L'ONU

Les résolutions de l'Assemblée générale

A/RES/42/8, « Action préventive et lutte contre le syndrome d'immunodéficience acquise », 26 octobre 1987.

A/RES/54/283, « Examen du problème du virus de l'immunodéficience humaine et du syndrome d'immunodéficience acquise sous tous les aspects », 5 septembre 2000.

A/RES/60/262, « Déclaration sur le VIH/sida », 2 juin 2006.

A/RES/65/277, « Déclaration politique sur le VIH et le sida : intensifier nos efforts pour éliminer le VIH et le sida », 10 juin 2011.

A/RES/69/1, « Mesures visant à endiguer et combattre l'épidémie à virus Ebola qui s'est déclarée récemment en Afrique de l'Ouest », 19 septembre 2014.

A/RES/74/305, « Consolider les acquis et intensifier l'action menée pour lutter contre le paludisme et l'éliminer dans les pays en développement, particulièrement en Afrique, à l'horizon 2030 », 11 septembre 2020.

A/RES/74/270, « Solidarité mondiale dans la lutte contre la maladie à coronavirus, (COVID-19) », 3 avril 2020.

A/RES/74/274, « Coopération internationale visant à assurer l'accès mondial aux médicaments, aux vaccins et au matériel médical pour faire face à la COVID-19 », 3 avril 2020.

A/RES/74/306, « Action globale et coordonnée face à la pandémie de maladie à coronavirus (COVID-19) », 11 septembre 2020.

A/RES/74/307, « Une riposte unie face aux menaces sanitaires mondiales : lutter contre la COVID-19 », 11 septembre 2020.

Les résolutions du Conseil de sécurité

S/RES/1308 (2000), « Responsabilité et maintien de la paix et de la sécurité internationales incombant au Conseil de Sécurité : le VIH/sida et les opérations internationales de maintien de la paix », 17 juillet 2000.

S/RES/1983 (2011), « Maintien de la paix et de la sécurité internationales », 7 juin 2011.

S/RES/2177/(2014), « Paix et sécurité en Afrique », 18 septembre 2014.

S/RES/2532 (2020), « Maintien de la paix et de la sécurité internationales », 1er juillet 2020.

Les résolutions de l'ECOSOC

E/RES/1994/24, « Programme des Nations Unies conjoint et mené de concert pour lutter contre le virus d'immunodéficience humaine/syndrome d'immunodéficience acquise (VIH/sida) », 26 juillet 1994.

AUTRES

Commission du droit international, « Projet d'articles sur la responsabilité des organisations internationales », 2011.

Le Règlement intérieur provisoire du Conseil de sécurité de l'ONU

Le Règlement intérieur de l'Assemblée générale des Nations Unies

Le Règlement organique de l'OIE.

OMS, « Préparation et action en cas de grippe pandémique : document d'orientation de l'OMS », 2009, 51 p.

« Manuel de procédure de la Commission du Codex Alimentarius », 21e édition, 2013.

« Note conceptuelle conjointe entre OIE, OMS et FAO », 2010

« The Tripartite's Commitment Providing multi-sectoral, collaborative leadership in addressing health challenges. FAO, OIE et WHO », 2017.

WHO: 2019 Novel Coronavirus (2019-nCoV) : Strategic preparadness and response plan, février 2020

ONU, « Le Cadre des Nations Unies pour la réponse socioéconomique immédiate à la COVID-19 », avril 2020.

ONU, « Global Humanitarian response plan Covid-19, United Nations Coordinated appeal. April- December 2020 », mars 2020.

ONU, « Riposte globale du système des Nations Unies face à la COVID-19. Sauver des vies, protéger les sociétés, reconstruire en mieux », juin 2020.

JURISPRUDENCE

Avis consultatif sur la compétence de la Commission Européenne de Danube, CPJI (série B) n°14, 8 décembre 1927.

Réparation des dommages subis au service des Nations Unies, avis consultatif du 15 mars 1949, CIJ Recueil 1949, p.174.

Licéité de l'utilisation des armes nucléaires par un Etat dans un conflit armé, avis consultatif du 8 juillet 1996, C.I. J. Recueil 1996, p.66.

ARTICLES DE PRESSE ET SITES INTERNET

« Les liaisons dangereuses entre l'OMS et la Chine ont marqué la crise du coronavirus », Le Monde, 27 Avril 2020. Disponible sur le lien suivant https://www.lemonde.fr/international/article/2020/04/27/les-liaisons-dangereuses-entre-l-oms-et-la-chine-ont-marque-la-crise-du-coronavirus_6037929_3210.html

« Pour le Secrétaire général de l'ONU, le coronavirus a déclenché la "pire crise mondiale" depuis 1945 ». Cet article est disponible sur le lien suivant https://www.france24.com/fr/20200401-pour-l-onu-le-coronavirus-a-d%C3%A9clench%C3%A9-la-pire-crise-mondiale-depuis-1945

« ONU : l'Assemblée générale se dote d'un droit de veto, Washington oublie de l'utiliser », https://www.lepoint.fr/monde/onu-les-pays-de-l-assemblee-generale-s-arrogent-un-droit-de-veto-21-04-2020-2372222_24.php#

« L'ONU, symbole du désordre mondial », Le Monde, 29 Avril 2020, disponible sur le lien suivant :https://www.lemonde.fr/idees/article/2020/04/29/l-onu-symbole-du-desordre-mondial_6038075_3232.html

« Coronavirus : Le Conseil de sécurité tenu en échec », 23 mars 2020, disponible sur le lien suivant :https://www.challenges.fr/monde/coronavirus-le-conseil-de-securite-de-l-onu-en-echec_703771,

« L'ONU, symbole du désordre mondial », Le Monde, 29 Avril 2020, disponible sur le lien suivant :https://www.lemonde.fr/idees/article/2020/04/29/l-onu-symbole-du-desordre-mondial_6038075_3232.html

« Coronavirus dan le monde, la course aux vaccins continue », 20 août 2020, disponible sur le lien suivant, https://www.lemonde.fr/planete/article/2020/08/19/coronavirus-dans-le-monde-la-course-au-vaccin-continue-l-oms-met-en-garde-contre-le-nationalisme-vaccinal_6049348_3244.html

« Covid-19 : l'OMS appelle à éviter "le nationalisme vaccinal » », 18 août 2020, disponible sur le lien suivant : https://news.un.org/fr/story/2020/08/1075162

« Covid-19 : un nouveau projet de résolution au Conseil de sécurité de l'ONU », le 13 mai 2020, disponible sur le lien suivant : https://www.france24.com/fr/20200513-covid-19-un-nouveau-projet-de-r%C3%A9solution-au-conseil-de-s%C3%A9curit%C3%A9-de-l-onu

Le temps, « Un nouveau projet de résolution au Conseil de sécurité », disponible sur le lien suivant :https://www.letemps.ch/monde/un-nouveau-projet-resolution-conseil-securite lonu# : ~ : text=Epid%C3%A9mie&text=L'Allemagne %20 et %20 l'Estonie, bloqu%C3%A9%20par%20les%20Etats%2DUnis.

« Grippe aviaire : un expert de l'OMS nommé Coordonnateur spécial de l'ONU », 20 septembre 2005, https://news.un.org/fr/story/2005/09/80282.

Table des matières

Structures éditoriales du groupe L'Harmattan

L'Harmattan Italie
Via degli Artisti, 15
10124 Torino
harmattan.italia@gmail.com

L'Harmattan Hongrie
Kossuth l. u. 14-16.
1053 Budapest
harmattan@harmattan.hu

L'Harmattan Sénégal
10 VDN en face Mermoz
BP 45034 Dakar-Fann
senharmattan@gmail.com

L'Harmattan Cameroun
TSINGA/FECAFOOT
BP 11486 Yaoundé
inkoukam@gmail.com

L'Harmattan Burkina Faso
Achille Somé – tengnule@hotmail.fr

L'Harmattan Guinée
Almamya, rue KA 028 OKB Agency
BP 3470 Conakry
harmattanguinee@yahoo.fr

L'Harmattan RDC
185, avenue Nyangwe
Commune de Lingwala – Kinshasa
matangilamusadila@yahoo.fr

L'Harmattan Congo
67, boulevard Denis-Sassou-N'Guesso
BP 2874 Brazzaville
harmattan.congo@yahoo.fr

L'Harmattan Mali
ACI 2000 - Immeuble Mgr Jean Marie Cisse
Bureau 10
BP 145 Bamako-Mali
mali@harmattan.fr

L'Harmattan Togo
Djidjole – Lomé
Maison Amela
face EPP BATOME
ddamela@aol.com

L'Harmattan Côte d'Ivoire
Résidence Karl – Cité des Arts
Abidjan-Cocody
03 BP 1588 Abidjan
espace_harmattan.ci@hotmail.fr

Nos librairies en France

Librairie internationale
16, rue des Écoles
75005 Paris
librairie.internationale@harmattan.fr
01 40 46 79 11
www.librairieharmattan.com

Librairie des savoirs
21, rue des Écoles
75005 Paris
librairie.sh@harmattan.fr
01 46 34 13 71
www.librairieharmattansh.com

Librairie Le Lucernaire
53, rue Notre-Dame-des-Champs
75006 Paris
librairie@lucernaire.fr
01 42 22 67 13

www.ingramcontent.com/pod-product-compliance
Lightning Source LLC
LaVergne TN
LVHW010916051026
849532LV00003B/711
* 9 7 8 2 3 4 3 2 5 0 2 1 2 *